高职高专教育法律类专业教学改革试点与推广教材 ｜ 总主编　金川

浙江省"十一五"重点教材

中小企业法律实务

主　编　吴启才

撰稿人　（以撰写内容先后为序）

　　　　吴启才　肖春竹　孙正力

　　　　何立志　马栋梁　孙　琼

　　　　司学军　汪志锋

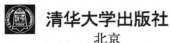

清华大学出版社
北京

中国·武汉

内容提要

为了适应高职高专教育法律事务专业教学改革的需要，本书编者吸纳近几年来高职高专人才培养模式和专业技能课程教学模式改革的经验，开发了中小企业法律实务课程，并组织多年从事高职法律课程教学的教师和资深行业专家编写本书作为该课程的教材。本书是在对中小企业法治现状、对法律人才的需求和法务岗位工作实际深入调研基础上开发的，以面向中小企业培养应用型法务人才为目标，以学生未来在中小企业从事法务或与法务有关的工作岗位（群）为指向，以完成相应工作岗位的主要工作所必备的职业技能培养为主线，结构安排以中小企业里常见的法律事务项目为线索，内容取舍以中小企业法务岗位的基本工作任务和主要工作方法为依据，分设 8 个学习训练单元，以严谨的结构、清晰的逻辑和简洁的行文向读者呈现。

图书在版编目（CIP）数据

中小企业法律实务/吴启才主编． ——武汉：华中科技大学出版社，2010.10（2023.8 重印）
ISBN 978-7-5609-6582-6

Ⅰ.①中…　Ⅱ.①吴…　Ⅲ.①企业法-中国-高等学校：技术学校-教材
Ⅳ.①D922.291.91

中国版本图书馆 CIP 数据核字（2010）第 181403 号

中小企业法律实务　　　　　　　　　　　　　　　　　　吴启才　主编

策划编辑：王京图
责任编辑：彭奕菲
封面设计：傅瑞学
责任校对：北京书林瀚海文化发展有限公司
责任监印：周治超

出版发行：华中科技大学出版社（中国·武汉）　　电话：(027) 81321913
　　　　　武汉市东湖新技术开发区华工科技园　　邮编：430223

录　　排：北京星河博文文化发展有限公司
印　　刷：广东虎彩云印刷有限公司
开　　本：710mm×1000mm　1/16
印　　张：10
字　　数：180 千字
版　　次：2023 年 8 月第 1 版第 14 次印刷
定　　价：39.80 元

本书若有印装质量问题，请向出版社营销中心调换
全国免费服务热线：400-6679-118　竭诚为您服务
版权所有　侵权必究

凡 例

一、本书的行文中加书名号的法律、法规及司法解释的名称，意指特定的法律、法规及司法解释。例如，《中华人民共和国劳动法》或《劳动法》专指第八届全国人民代表大会常务委员会第八次会议于1994年7月5日通过的《中华人民共和国劳动法》。

与此不同，行文中出现的物权法、合同法、破产法等，未加书名号，则是泛指的。例如，"合同法"泛指有关合同方面的法律、法规、规章及司法解释。

二、为表达简便，本书中涉及的法律、法规、规章及司法解释等均采用简称，简称与全称的对应关系如下所示（按照法律规范在文中出现的顺序排列）：

《企业法人登记管理条例》——《中华人民共和国企业法人登记管理条例》

《公司法》——《中华人民共和国公司法》

《公司登记管理条例》——《中华人民共和国公司登记管理条例》

《企业法人登记管理条例施行细则》——《中华人民共和国企业法人登记管理条例施行细则》

《物权法》——《中华人民共和国物权法》

《专利法》——《中华人民共和国专利法》

《合同法》——《中华人民共和国合同法》

《安全生产法》——《中华人民共和国安全生产法》

《产品质量法》——《中华人民共和国产品质量法》

《广告法》——《中华人民共和国广告法》

《计量法》——《中华人民共和国计量法》

《标准化法》——《中华人民共和国标准化法》

《消费者权益保护法》——《中华人民共和国消费者权益保护法》

《反不正当竞争法》——《中华人民共和国反不正当竞争法》

《标准化法实施条例》——《中华人民共和国标准化法实施条例》

《商标法实施条例》——《中华人民共和国商标法实施条例》

《专利法实施细则》——《中华人民共和国专利法实施细则》

《合伙企业法》——《中华人民共和国合伙企业法》

《著作权法》——《中华人民共和国著作权法》

《著作权法实施条例》——《中华人民共和国著作权法实施条例》
《行政许可法》——《中华人民共和国行政许可法》
《行政处罚法》——《中华人民共和国行政处罚法》
《行政复议法》——《中华人民共和国行政复议法》
《行政复议法实施条例》——《中华人民共和国行政复议法实施条例》
《行政诉讼法》——《中华人民共和国行政诉讼法》
《劳动法》——《中华人民共和国劳动法》
《就业促进法》——《中华人民共和国就业促进法》
《劳动合同法》——《中华人民共和国劳动合同法》
《劳动合同法实施条例》——《中华人民共和国劳动合同法实施条例》
《劳动争议调解仲裁法》——《中华人民共和国劳动争议调解仲裁法》
《民事诉讼法》——《中华人民共和国民事诉讼法》

总 序

我国高等职业教育已进入了一个以内涵式发展为主要特征的新的发展时期。高等法律职业教育作为高等职业教育的重要组成部分，也正经历着一个不断探索、不断创新、不断发展的过程。

2004年10月，教育部颁布《普通高等学校高职高专教育指导性专业目录（试行）》，将法律类专业作为一大独立的专业门类，正式确立了高等法律职业教育在我国高等职业教育中的重要地位。2005年12月，受教育部委托，司法部牵头组建了全国高职高专教育法律类专业教学指导委员会，大力推进高等法律职业教育的发展。

为了进一步推动和深化高等法律职业教育的改革，促进我国高等法律职业教育的类型转型、质量提升和协调发展，全国高职高专教育法律类专业教学指导委员会于2007年6月，确定浙江警官职业学院为全国高等法律职业教育改革试点与推广单位，要求该校不断深化法律类专业教育教学改革，勇于创新并及时总结经验，在全国高职法律教育中发挥示范和辐射带动作用。为了更好地满足政法系统和社会其他行业部门对高等法律职业人才的需求，适应高职高专教育法律类专业教育教学改革的需要，该校经过反复调研、论证、修改，根据重新确定的法律类专业人才培养目标及其培养模式要求，以先进的课程开发理念为指导，联合有关高职院校，组织授课教师和相关行业专家，合作共同编写了"高职高专教育法律类专业教学改革试点与推广教材"。这批教材紧密联系与各专业相对应的一线职业岗位（群）之任职要求（标准）及工作过程，对教学内容进行了全新的整合，即从预设职业岗位（群）之就业者的学习主体需求视角，以所应完成的主要任务及所需具备的工作能力要求来取舍所需学习的基本理论知识和实践操作技能，并尽量按照工作过程或执法工作环节及其工作流程，以典型案件、执法项目、技术应用项目、工程项目、管理现场等为载体，重新构建各课程学习内容、设计相关学习情境、安排相应教学进程，突出培养学生一线职业岗位所必需的应用能力，体现了课程学习的理论必需性、职业针对性和实践操作性要求。

这批教材无论是形式还是内容，都以崭新的面目呈现在大家面前，它在不同层面上代表了我国高等法律职业教育教材改革的最新成果，也从一个角度集中反映了当前我国高职高专教育法律类专业人才培养模式、教学模式及其教材建设改革的新趋势。我们深知，我国高等法律职业教育举办的时间不长,可资借鉴的经验和成果还不多,教育教学改革任务艰巨;我们深信,任何一项改革都是一种探索、一种担当、一种奉献,改革的成果值得我们大家去珍惜和分享;我们期待,会有越来越多的院校能选用这批教材,在使用中及时提出建议和意见,同时也能借鉴并继续深化各院校的教育教学改革,在教材建设等方面不断取得新的突破、获得新的成果、作出新的贡献。

全国高职高专教育法律类专业教学指导委员会

2008 年 9 月

前 言

为了适应高职高专教育法律事务专业教学改革的需要，我们在对中小企业法治现状、对法律人才的需求和法务岗位工作实际深入调研基础上，以面向中小企业培养应用型法务人才为目标，以学生未来在中小企业从事法务或与法务有关的工作岗位（群）为指向，以完成相应工作岗位的主要工作所必备的职业技能培养为主线，依据高职高专教育法律事务专业课程体系的内在逻辑，遵照工作过程导向的课程开发思路，吸纳近几年高职高专人才培养模式和专业技能课程教学模式改革的经验，遵循高职高专教学规律，开发了这门中小企业法律实务课程，并组织多年从事高职法律课程教学的教师和资深行业专家编写本书作为课程的教材。

本教材结构安排以中小企业常见的法律事务项目为线索，内容取舍以中小企业法务岗位的基本工作任务和主要工作方法为依据，分别设置了8个学习训练单元。第1学习单元主要是训练学生承办有限公司成立、变更、注销相关的法律事务；第2学习单元主要是训练学生办理公司机体运转过程中的涉法事务；第3学习单元主要是训练学生掌握合同的谈判、拟订（审查）以及履行监控的技能技巧；第4学习单元主要训练学生协助处理生产经营涉法事务；第5学习单元主要训练学生承办公司获取、保护知识产权过程中的事务性工作；第6学习单元主要训练学生掌握应对行政规制之策；第7学习单元主要训练学生掌握协助人力资源管理工作的方式方法；第8学习单元主要训练学生树立法律风险意识和初步学会预防化解法律风险谋略。

本课程设置目的是为中小企业培养应用型法务人才，职业性、实践性、针对性和综合性是课程应有的主要特点。为体现这些特点，本课程的教学实施应突破学科课程以教师讲授系统理论知识的教学模式窠臼，以各种真实的案例为载体，通过教师引导下的学生完成预定工作任务的"做中学，学即做"的活动形式组织教学，从而突出学生职业技能的训练。为此，本教材采取了按实际工作过程的顺序结构（经提炼加工）进行内容的编排铺成；同时，为方便学生学习，我们刻意想将教材编写得像"工作手册"的样式，在结构上力求清晰，逻辑上讲究严密，行文上追求简洁；另外，在每一单元还设置了一个"模拟训练"栏目，设计了一些真实的案例作为教学训练素材。但是，任何事情都是辩证的，经过这样的刻意"加工"后，实际工作的丰富、鲜活、复杂没有得到很好的反映，相反，留下的可能有点简单、刻板、粗浅。为弥补这些缺陷，我们倡议，如果条件允许，实际教学若使用"原生态"的案例作为训练补充材料，效果应该更好。

本教材是集体智慧的结晶。各学习单元撰稿人为（以撰写内容先后为序）：

吴启才（副教授）：学习单元 1，学习单元 2，学习单元 5；

吴启才（副教授）、肖春竹（讲师）：学习单元 3；

孙正力（公司法务经理）、吴启才（副教授）：学习单元 4；

吴启才（副教授）、何立志（公司法务经理）、马栋梁（律师）：学习单元 6；

孙琼（讲师）、司学军（律师）：学习单元 7；

吴启才（副教授）、汪志锋（律师）：学习单元 8。

全书由主编吴启才负责修改统稿，最后由金川教授修改审定。

在本书编写过程中，编者先后向行业专家多次请教，他们是：劳俊华（浙江省中小企业发展研究中心，副主任），姚建立（浙江摩托罗拉有限公司，法务经理），刘志华（杭州秉信纸业有限公司，法务经理），邵蕙菁（浙江劳动律师事务所，律师）；此外，编者还到多家企业进行调研，受到他们的大力支持和热情接待，在此我们一并表示衷心的感谢。

根据我们的不完全搜索，本课程的开发和本教材的编写应该是开创性的，没有前人经验可以借鉴，再加编者能力水平有限，时间紧迫，调研工作不够扎实，教材中错误疏漏一定不少，我们恳请各位专家和读者批评指正。

编者

2010 年 8 月于杭州

目 录

学习单元一　成立有限公司法律事务的办理 …………………………… 1
　学习情境一　有限公司设立法律事务的办理 ………………………… 1
　　工作任务一　选择适当的企业法律形态 …………………………… 1
　　工作任务二　组建有限责任公司组织体 …………………………… 2
　学习情境二　成立公司审批、登记手续的办理 ……………………… 7
　　工作任务一　办理公司名称预先核准登记 ………………………… 7
　　工作任务二　办理经营业务前置行政许可 ………………………… 7
　　工作任务三　办理公司设立登记 …………………………………… 8
　　工作任务四　办理公司成立后续事宜 …………………………… 10
　学习情境三　办理有限公司变更事务 ……………………………… 12
　　工作任务一　确认公司变更事项和内容 ………………………… 12
　　工作任务二　办理公司变更登记手续 …………………………… 14
　学习情境四　办理有限公司解散事务 ……………………………… 15
　　工作任务一　确认公司终止事由 ………………………………… 15
　　工作任务二　办理公司注销登记手续 …………………………… 16

学习单元二　公司治理中的法律事务处理 …………………………… 30
　学习情境一　规范办理与股东相关的法律事务 …………………… 30
　　工作任务一　办理股东资格确认手续 …………………………… 30
　　工作任务二　协调股东与公司的法律关系 ……………………… 32
　学习情境二　协助股东会规范运作 ………………………………… 33
　　工作任务一　承办股东会召开的准备事务 ……………………… 33
　　工作任务二　协助股东会议规范召开 …………………………… 34
　学习情境三　协助董事会规范运作 ………………………………… 35
　　工作任务一　承办董事会召开的准备事务 ……………………… 35
　　工作任务二　协助董事会会议规范召开 ………………………… 36
　学习情境四　协助监事会工作 ……………………………………… 37
　　工作任务一　承办监事会召开的准备事务 ……………………… 37
　　工作任务二　协助监事会会议规范召开 ………………………… 37

学习单元三　企业合同管理法律事务处理 … 43
学习情境一　参与合同的谈判 … 43
　　工作任务一　调查交易对象的资信 … 43
　　工作任务二　参与合同谈判组织实施 … 46
学习情境二　参与合同的管理 … 47
　　工作任务一　起草（审查）合同 … 47
　　工作任务二　监控合同的履行 … 51

学习单元四　企业生产经营中的法律事务处理 … 63
学习情境一　协助安全生产管理 … 63
　　工作任务一　协助安全生产管理制度的制定与执行 … 63
　　工作任务二　协助生产经营中安全事故的处理 … 65
学习情境二　参与企业的产品质量管理 … 66
　　工作任务一　协助质量管理制度的制定与执行 … 66
　　工作任务二　协助质量认证工作 … 67
　　工作任务三　规范产品标识标注 … 69
学习情境三　企业销售经营中的法律事务处理 … 70
　　工作任务一　产品广告促销中法律事务处理 … 70
　　工作任务二　参与客户投诉处理 … 71

学习单元五　企业知识产权管理中的法律事务处理 … 76
学习情境一　参与构建高效的企业知识产权管理机制 … 76
　　工作任务一　参与企业知识产权发展战略的制定、完善 … 76
　　工作任务二　参与企业知识产权管理机制构建 … 77
学习情境二　收集并运用知识产权情报 … 78
　　工作任务一　收集知识产权情报 … 78
　　工作任务二　发挥知识产权情报作用 … 79
学习情境三　选择智力成果的保护方法 … 80
　　工作任务一　选择技术成果保护策略 … 80
　　工作任务二　确定商标保护策略 … 81
　　工作任务三　确定企业内部信息保护策略 … 83
学习情境四　依法获取知识产权 … 84
　　工作任务一　办理专利申请手续 … 84
　　工作任务二　办理商标注册申请 … 88

工作任务三　采取保护商业秘密的措施 …………………… 91
　学习情景五　充分利用知识产权 ………………………………… 92
　　工作任务一　参与筹划知识产权利用方式 …………………… 92
　　工作任务二　办理知识产权利用手续 ………………………… 93

学习单元六　企业在行政规制中的法律事务处理 …………… 108
　学习情境一　办理行政许可的相关事项 ……………………… 108
　　工作任务一　申请行政许可 ………………………………… 109
　　工作任务二　办理行政许可后续事务 ……………………… 110
　学习情境二　接受日常行政管理监督 ………………………… 111
　　工作任务一　应对日常行政监督检查 ……………………… 112
　　工作任务二　应对行政处罚 ………………………………… 113
　　工作任务三　申请行政复议 ………………………………… 114

学习单元七　企业人力资源管理的法律事务处理 …………… 119
　学习情境一　参与员工招录工作 ……………………………… 119
　　工作任务一　规范员工招录方式 …………………………… 119
　　工作任务二　规范员工录取手续 …………………………… 121
　学习情境二　规范员工在职管理 ……………………………… 124
　　工作任务一　审查劳动用工规章制度 ……………………… 124
　　工作任务二　协助劳动用工规章制度的执行 ……………… 127
　学习情境三　规范员工离职管理 ……………………………… 128
　　工作任务一　判断员工离职可能产生的责任 ……………… 128
　　工作任务二　规范离职手续 ………………………………… 130

学习单元八　企业争议纠纷的解决 …………………………… 140
　　工作任务一　做好应对争议纠纷的准备 …………………… 140
　　工作任务二　慎重选择争议纠纷的解决方式 ……………… 141
　　工作任务三　聘任与管理社会律师 ………………………… 143
参考书目 ……………………………………………………… 146

学习单元一　成立有限公司法律事务的办理

学习目的与要求

通过本单元学习和训练，应掌握审查有限责任公司设立各项目合法性和合规性的方法，能够制作规范的公司章程和登记申请文件，熟练办理公司成立的各项法律手续。在此基础上，还可以进一步学习掌握公司年检、变更相关事项的办理技能。

学习重点与提示

设立公司各项目合法性、合规性审查；公司章程制作；公司登记手续办理。

学习情境一　有限公司设立法律事务的办理

工作任务一　选择适当的企业法律形态

企业法务人员往往在一个已经成立的企业（通常是公司制企业）里工作，就自己工作的企业而言，不存在设立问题，更多时候是办理该企业登记变更、年检方面的事务；但企业有时出于发展扩张的需要，也可能需要设立新的企业，所以，企业设立相关法律事项仍需法务人员熟悉和办理，并且掌握了企业设立事务的办理，一般也能举一反三办理企业登记变更、年检方面的法律事务。

步骤1　了解投资人的目的和要求

法务人员接受所在企业委派参与或负责设立一家新企业时，应详细了解投资人及其拟合作伙伴下列情况，作为选择新设立的企业法律形态的依据：

（1）拟设企业的经营项目及所需资本；

（2）各方经济实力；

（3）各方承担所设企业责任的意愿和能力；

（4）对拟设立企业控制意愿程度；
（5）各方之间的信任程度；
（6）对拟设立企业生命周期的期望。

步骤2　分析可以选择的企业法律形态优劣

在我国现行法律体系里，个人独资企业、合伙企业和公司企业三种企业法律形态构成了我国的企业法律形态的基本体系。公司又有有限责任公司（包括一人公司）和股份有限公司。由于个人独资企业只能由自然人投资设立，股份有限公司设立门槛较高，因此，中小企业投资新设一家企业可以选择的法律形态只有合伙企业和有限责任公司。

法务人员应依据法律规定，以对投资人有利和满足投资人愿望为基本出发点，多角度分析两种企业法律形态的优劣。

（1）投资人责任大小；
（2）企业生命周期特点；
（3）投资人和企业的税负轻重；
（4）企业注册资本要求；
（5）设立的条件、程序和费用。

步骤3　提交法律意见报告

上述两个步骤的分析实践中往往是结合在一起进行的，了解投资人的目的与要求的同时就在考虑什么企业形态比较合适，企业形态优劣分析的依据是投资人具体情况，最终结果是寻找到投资人目的与特定形态企业特点的结合点。

全面分析应该考虑的因素后，法务人员初步形成自己的意见，并报告给委派的投资人。报告形式根据委派人要求，采取口头或书面形式。书面形式没有规定格式，主要根据内容需要，全面准确表达即可。

最后究竟采取什么企业形态是由投资人不仅考虑法律因素而且考虑商业、社会甚至政治因素后决定的。实践中，由于有限责任公司在投资风险、成本、税负、控制力等诸多方面有着明显优势，所以为大多数作为投资人的中小企业所偏爱。

因此，有限责任公司设立的相关法律事务应是我们学习的重点。

工作任务二　组建有限责任公司组织体

有限责任公司组织体的组建需要考虑的因素有商业上的需要和法律上的要求两方面。商业上的需要主要是公司经营管理上的需要，由投资人通盘考虑决定。法律上的要求主要是《公司法》、《公司登记管理条例》等法律法规的强制性要求，由法务人员把关审查。

具体事项和工作步骤如下：

步骤 1　审查公司名称

有限责任公司名称应由以下四部分构成：行政区划＋字号（商号）＋所属行业或经营特点＋有限（责任）公司。

其前三部分的表述有着严格的规范要求，不得违反。规范依据既有全国性的《企业法人登记管理条例》、《企业名称登记管理规定》、《企业名称登记管理实施办法》等法律法规文件，又有各地方企业登记管理机关根据法律法规作的地方性具体规定，所以审查时一定要全面，不能遗漏。

例如，在浙江省境内，名称中可以冠"浙江"字样的公司必须是实收资本 500 万元以上的生产型、商贸型和非中介服务型公司；实收资本 200 万元以上的高新技术、出版及文艺场馆、体育场馆、旅行社、种养业公司；实收资本 200 万元以上，取得执业资格的专业人员 20 人以上，上年度业务收入不低于 300 万元的中介服务类公司；实收资本 2 000 万元以上的投资有限公司、实业有限公司、建筑施工以及房地产开发有限公司。

在杭州市境内，主城区的公司名称中的行政区划部分采用市辖区与市行政区划连用的方式，市辖区不能单独用作公司名称中的行政区划。如杭州市江干区大众油脂有限公司，不可用"江干区大众油脂有限公司"。杭州市辖县（市）境内的公司一般冠该县（市）名称，直接冠杭州名称需满足以下条件：注册资本为 200 万元以上的生产型有限公司、300 万元以上的商贸型有限公司、500 万元以上的房地产开发有限公司；或者是拥有著名商标的公司及创业投资有限公司；注册资本为 100 万元以上，县级行业主管部门认定的科技、文化、旅游、农业开发有限公司以及专业性中介服务机构。

此外还要注意，企业名称要经登记部门预先核准。投资人在提交名称预先核准申请时，允许按照顺序拟定四个名称备审。因此，投资人实际上可以给企业拟定四个名称，最后经核准确定一个名称。

步骤 2　审查公司住所

对住所的要求，法律上没有强制性规定，倒是各地公司登记机关有一系列地方性规定。浙江地区的要求主要有：

（1）公司住所的房屋可以是自有的也可以是租赁的，但权属要清楚干净并有相应权属证明。公司登记时自有房屋要提供相关产权证明复印件，租赁的房屋还要提供使用权证明；

（2）公司住所的房屋应当具体、明确并相对独立，且同公司所从事的生产经营活动相适应，取得房屋使用权的期限必须在一年以上。

如杭州地区规定，以底层住宅和二楼以上住宅（含二楼）作为经营场地的，应提交规划部门的审批意见，经济适用房不得作为经营场所。

步骤3 审查注册资本及其结构

公司注册资本需要审查的问题主要有：

（1）投资人应适格和投入的资本来源要合法。对自然人、法人和非法人组织成为公司股东的限制情形可以查阅工商行政管理机关公示的办事指南。投资人的出资可以是其所有的资产，也可以是合法支配的财产，但无论哪种途径取得的资金或财产均要有合法的权利，否则投资人自行承担责任并对其他投资人承担违约责任。

（2）注册资本的数额要符合法律规定。一方面要符合《公司法》对最低注册资本限额的要求；另一方面，如果是特殊行业，还要符合法律法规对特殊行业有限公司注册资本最低限额的要求。这些要求可以在登记机关网站或办事大厅公示栏查阅。

（3）出资方式要符合法律规定。基本的要求是：公司的出资可以是货币，也可以是实物、知识产权、土地使用权等可以用货币估价并可以依法转让的非货币财产，但非货币出资必须进行评估作价，核实财产，不得高估或者低估作价，还不得超过公司注册资本的30%。

此外，需要注意的是，由于公司实行"资本多数决"原则，投资人出资比例直接关系到今后对公司的控制力，同时出资的多少又与责任的大小直接相关，所以要提醒投资人全面衡量确定自己的投资额及所占比例。

还要注意的问题是：督促股东履行出资行为。基本的要求是：股东以货币出资的，应当将货币出资足额存入有限责任公司在银行开设的临时账户；以非货币财产出资的，应当依法办理其财产权转移手续。（但是，由于公司设立时其主体资格尚未确立，因此只有无须办理权证的财产才能办理转移手续，而有权证的财产无法作为首期出资，只能等公司成立后再办实收资本的增加〈到位〉手续。）然后将出资到位银行对账单、非货币财产出资的财产权转移证明和资产评估手续提交给依法设立的验资机构（会计师事务所或者审计事务所及其他具有验资资格的机构），由后者出具验资报告。

步骤4 审查经营范围及其表述

一般来说，投资人在有设立企业动议时就已经明确了生产经营的项目并做了必要的经济上的可行性研究和基本的合法性研究。实际筹建企业时，要

做的相关工作主要有:

（1）根据《企业经营范围登记管理规定》和国家工商行政管理局2004年6月颁布的《企业登记前置行政许可目录》，审查经营的项目是属于行政许可经营项目还是一般经营项目。若属于行政许可经营项目，必须在企业申请登记前依据法律、行政法规、国务院决定报经有关部门批准，经批准后，企业凭批准文件、证件向企业登记机关申请登记。这就是企业经营范围前置审批登记。一般经营项目不需事先申请批准，可以直接向企业登记机关申请登记。

（2）规范表述经营范围。表述用语可以参照《国民经济行业分类》。常见的表述类型有三种：

①概括型，如某市某某科技有限公司，经营范围可以如下表述：法律、法规禁止的，不得经营；应审批的，获得审批前不得经营；法律、法规未规定审批的，自主选择经营项目，开展经营活动。

②具体型，如某市某某运输有限公司，经营范围可以如下表述：货物运输；装饰材料、五金交电、汽车配件销售。

③混合型，如某市某某商贸有限公司，经营范围可以如下表述：销售粮油制品、干鲜果品……法律、法规禁止的，不得经营；应审批的，获得审批前不得经营。

步骤5　审查公司治理机构设置及其运行规则设计

1. 审查公司治理机构是否完整

一般的有限公司的治理机构应具备股东会、董事会、经理、监事会和法定代表人，股东人数较少或者规模较小的公司，可以灵活设置执行董事和监事。这样，有限公司治理机构的常见构成模式就有三种：

（1）股东会、董事会、经理、监事会；

（2）股东会、董事会、经理、监事；

（3）股东会、执行董事、经理、监事。

公司法定代表人在董事长、执行董事或者经理三者中任选其一担任，并记载于公司章程。

此外，一人公司不设股东会，董事会和监事会也可以灵活设置成执行董事和监事。外商投资设立的有限责任公司不设股东会，由董事会代行股东会的权力。国有独资公司不设股东会，由国有资产监督管理机构授权董事会行使部分股东会职权。

2. 审查公司治理机构运行规则

公司治理机构运行规则由机构职权和机构运转程序组成。对其审查的基本方法和原则是：

(1) 凡《公司法》有强制性规定的一定要按照有关规定执行，没有强制性规定的，则由投资人根据需要协商确定。

(2) 规则应尽可能全面、详细、明确。

例如，对股东会的职权，《公司法》第 38 条以列举的方式做出了强制性规定，投资人设计股东会运转规则时应直接加以引用。同时投资人还可以根据具体情况对股东会职权做出补充约定。如公司对外投资、担保、聘用或解聘承办公司审计业务的会计师事务所等事项作出决定的权力。

又如，对董事会运转程序，《公司法》的强制性规定主要有会议召集和主持办法、会议记录方式、表决方式等。对董事人数、构成及产生办法，普通会议召集时间，临时会议召集条件、议题议程确定和通知方式、议事方式和表决程序等事项，投资人可以协商确定。如董事会决议表决程序，可以参照《公司法》关于股份公司的有关规定约定："董事会会议应有过半数的董事出席方可举行。董事会做出决议，必须经全体董事的过半数通过。""董事会会议，应由董事本人出席；董事因故不能出席，可以书面委托其他董事代为出席，委托书中应载明授权范围。"也可以根据公司具体情况进行有利于董事会高效运转的其他约定。

步骤 6　审查需要约定的其他特别事项

上述五个步骤审查事项是《公司法》强制规定的、成立公司必备的事项，缺少这些事项的明确规定，公司不能成立。此外，还有诸如股权转让规则、高级管理人员的界定及其聘任办法、利润分配和亏损分担方式、营业期限、解散事由和清算办法等事项，《公司法》虽然没有强制性要求，但为公司成立后运转顺畅，一般也应在设立公司时就予以明确。

对这些事项，《公司法》规定有一些倡导性规则，但允许股东协商做出不同的约定。如股权合意转让规则，《公司法》第 72 条规定了股东彼此之间可以自由转让，向股东以外的人有条件转让和股东优先购买权等内容。但投资人可以协商一致做出不同约定：禁止股权内部转让，禁止股权对外转让，股权对外转让不受内部优先权的限制等内容。

法务人员对这些事项的审查主要不是考虑它们的合法性，更多的是要帮助投资人分析其合理性、可操作性、精确性。

步骤 7　拟定公司章程

上述事项经投资人协商和法务人员审查确定后，法务人员应将其整合记载于公司章程中。公司章程的格式文本可以到当地公司登记机关网站上下载填写，或者自己拟定个性化的章程也是可以的。有些地方企业登记机关要求一定使用其格式文本,这是没有法律依据的。但若格式文本条款内容不违背投资人本意,使用这些文本也无大碍;若格式文本条款内容不能准确反映投资人意思,且投资人意思又不违反公司法强制性规定,则应积极与登记机关沟通,按照投资人意思拟定。

学习情境二　成立公司审批、登记手续的办理

工作任务一　办理公司名称预先核准登记

步骤1　拟定公司名称

预先核准登记的公司名称可以申报四个,一个正选,三个预选。一般情况下,这些名称由投资人拟定,法务人员进行初步法律审查。

步骤2　制作并提交公司名称预先核准登记材料

公司名称预先核准的申请由公司设立人指定的代表或者其委托代理人向公司登记主管机关提出,并按照要求如实填写提交下列材料:

(1)《企业名称预先核准申请书》;
(2)全体投资人签署的《指定代表或者共同委托代理人的证明》及指定代表或者共同委托代理人的身份证复印件;
(3)股东的主体资格证明或自然人身份证明复印件;
(4)其他需提交的材料。

公司登记机关收到上述材料后,按照规定应当在10个工作日内作出核准或者驳回的决定。不过,现在很多地方行政效率大大提高,可以做到实时核准或驳回了。

步骤3　使用核准的名称

企业名称经核准登记后,投资人就可以凭该名称办理与企业设立相关的一系列手续,但不能以预先核准的企业名称从事任何经营活动,也不得转让。如以该名称到银行开户用于办理公司设立出资手续。

工作任务二　办理经营业务前置行政许可

步骤1　查阅前置审批事项

按照国家工商行政管理局颁布的《企业登记前置行政许可目录》规定,公司经营业务有些需要有关部门提前审批。所以公司成立前,法务人员应该审查经营范围中有没有需要前置审批的业务。

哪些经营项目需要哪些部门前置审批，可以查阅《企业登记前置行政许可目录》。地方性前置审批项目可以到工商登记部门企业注册登记大厅或门户网站公示栏查阅。

步骤2　制作提交申请材料

确认经营业务中有需要前置审批的，法务人员应到有关部门办理审批手续。现在很多地方为方便投资人，提高工作效率，对企业经营业务前置审批采取登记部门与相关行政部门联审、一站式服务的制度。如杭州市采取企业登记注册前置并联审批制度。它的大致步骤是：

```
凡经营范围涉及前置审批项目的，申请人可以直接在登记部门领取、填写、提交《并联审批申请表》；
            ↓
登记部门收到《并联审批申请表》后及时抄告相关审批部门；
            ↓
有关审批部门抄告后，主动与申请人取得联系，对企业申请的项目进行审核，提出具体审核意见，并回馈给登记部门；
            ↓
工商部门凭此办理营业执照或不予办理营业执照。
```

不过，需要强调，这种便民措施还不彻底，不是所有的前置审批项目都纳入到并联审批范围，各地的做法也很不一样，所以，实际工作时应向当地企业登记审批机关咨询清楚并遵照执行。

步骤3　处理审批中的特别事项

既然是审批，必然存在批或不批两种结果。对于"不批"的结果，审查部门应该告之理由。根据这个理由，投资人可以做出相应的对策，如创造条件满足审查部门的要求，或者申请复议，等等。

工作任务三　办理公司设立登记

步骤1　领取并制作申请材料

1. 材料清单

公司登记需要提交的材料主要有（以杭州地区为例，其他地区以当地企业登记机关的要求为准）：

（1）公司法定代表人签署的《公司设立登记申请书》（不同类型的企业该

申请书内含的表格不同,公司主要有《企业设立登记申请表》、《投资者名录》、《法定代表人登记表》、《董事会成员、经理、监事任职证明》、《企业住所证明》;合伙企业主要有《企业设立登记申请表》、《投资者名录》、《企业住所证明》);

(2) 全体股东签署的《指定代表或者共同委托代理人的证明》及指定代表或共同委托代理人的身份证复印件;

(3) 全体股东签署的公司章程(股东为自然人的由本人签字,自然人以外的股东加盖公章);

(4) 依法设立的验资机构出具的验资证明;

(5) 股东首次出资是非货币财产的,提交已办理财产权转移手续的证明文件;

(6) 由全体股东共同签署的《确认书(A)》;

(7) 公司董事、监事、经理的身份证复印件;

(8) 公司住所使用证明;

(9) 公司名称预先核准登记时提交的所有材料、企业名称预先核准通知书;

(10) 其他需提交的文件:法律、行政法规规定设立有限责任公司必须报经审批的,还应当提交有关的批准文件;涉及前置审批项目或其他特殊情况的,则应提供有关部门的批准意见。

2. 材料领取途径

上述材料中标示书名号的表格可以到企业登记机关注册专窗现场领取或在登记机关官方网站下载。

3. 材料制作要求

各个表格都有详细的填写说明,应严格按照要求使用钢笔、毛笔或签字笔如实填写。要求本人签字的,必须由本人亲笔签署,不能以私章替代。

步骤2 提交申请材料

申请材料制作完成后,承办人可以直接送到登记机关办公现场,或者通过邮寄或电子邮件方式提交。通过邮寄或电子邮件方式提交申请材料的,应当提供申请人的联系方式以及通讯地址,并在15日内到登记机关办公现场提交内容一致并符合规定形式的申请文件、材料原件。

步骤3 协助登记机关的审查

材料提交给登记机关后,工作人员会进行形式审查,根据申请事项是否属于企业登记范围、材料是否齐全、形式是否合法等情况当场做出不予受理、决定受理、发《受理通知书》并进行核实等不同的决定，并告之承办人。最后登记机关经过内部核实审查程序，在法定期限内做出批准登记或不批准登记的决定。在这个过程中，申请承办人要保持与登记机关的联系，根据他们的要求做出相应行为。

最后，经企业登记机关批准后，领取企业法人营业执照，企业正式成立。

若登记申请被拒绝，申请人可以按照一般的具体行政行为程序，采取相应的救济措施。如申辩、提请复议，等等。

工作任务四 办理公司成立后续事宜

步骤1 刻制公章

公司成立后，应携带营业执照副本及复印件和要求刻制公章的报告，以及载明公章的名称、形状、规格尺度、材质、使用的文字和字体、排列的方法及其顺序等内容的材料，报所在地县级以上人民政府公安部门核实并将信息录入印章治安管理信息系统后，委托经行政许可的刻字社（部、门市）刻制企业印章。也有些地方为方便当事人，允许企业直接到经行政许可的刻字社（部、门市）刻制企业印章，由刻字社代行向公安部门备案。

公司若要刻制专门用于公务事项的法定代表人、财务人员等有关人员印章（包括签名章）的，凭居民身份证和单位证明函到经行政许可的刻字社（部、门市）刻制。

步骤2 办理组织机构代码

组织机构代码由质量技术监督机关按照国家代码编制规则编制，赋予各类组织机构在全国范围内唯一的、始终不变的法定标识，相当于组织机构的"身份证"。

公司成立后申办组织机构代码应到县级以上质量技术监督行政部门，并提交下列材料：

（1）营业执照副本原件及复印件；
（2）法定代表人身份证复印件；
（3）经办人身份证原件及复印件；
（4）加盖公章的《组织机构代码申报表》（可在官方网站下载）。

步骤3 办理税务登记

税务登记包括地税登记和国税登记。公司自领取营业执照之日起30天内，持有关证件、资料，在工商注册或单位所在地的区县（地区）地方税务局和国家税务局办理开业税务登记。

需要提交的材料有：

（1）《税务登记表》一式三份（加盖印章）；

（2）营业执照正本原件及复印件；

（3）法人代表（负责人）的居民身份证复印件；

（4）生产经营场所房屋证明：自有房产的提供有效产权证明复印件，承租房产的提供租赁协议书和出租方证照复印件（出租方为单位的，提供单位税务登记证；出租方为个人的，提供房东的有效产权证明和居民身份证）；

（5）组织机构代码证原件及复印件；

（6）有关章程复印件（合伙企业提供合伙协议书）；

（7）全体投资方有效证件复印件（单位投资的提供税务登记证，个人投资的提供居民身份证）；

（8）验资证明原件及复印件。

步骤 4　领购发票

发票也是在税务部门领取。首次领取时，企业应到所在地税务机关申领填写《领购发票审批单》，并提交税务机关所规定的其他证件后，经审查批准领取《购领发票卡》，然后凭此办理购领发票事宜。以后每次购领发票携带《购领发票卡》和购领人身份证明即可办理。

步骤 5　办理银行开户

企业在银行可以开立多个账户，按其性质可以分为基本存款账户、一般存款账户、临时存款账户和专用存款账户。基本账户在企业工商登记数据库应有记载，不得随便变动。其他账户可以在不同银行开立。

开立账户需要向开户银行提交的材料有：

（1）有关证件：营业执照正本原件及复印件、国税和地税税务登记证正本及复印件、组织机构代码证正本及复印件、法人或单位负责人和经办人的身份证件及复印件；

（2）如实填写《开户申请表》（基本存款账户用）或《开立单位银行结算账户申请书》（一般存款账户用），并加盖公章；

（3）与开户行签订《人民币单位银行结算账户管理协议》；

（4）有些需要填写《关联企业登记表》。

上述材料由开户行送报人民银行核准。人民银行核准并核发《开户许可证》后，开户行将《开户许可证》正本及密码交与客户签收。

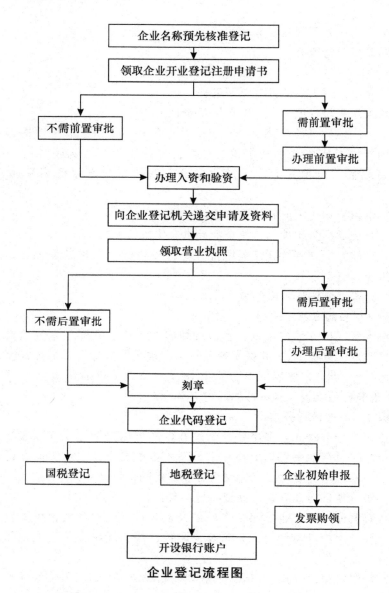

企业登记流程图

学习情境三　办理有限公司变更事务

工作任务一　确认公司变更事项和内容

步骤1　明确变更登记事由

公司存续期间，随着内部和外部情况的变化，公司组织体各构成可能也要做相应的变更，其中涉及公司章程上记载事项的变更，需要根据公司章程和法律的规定，办理相应的手续才具有法律效力。法务人员应跟踪这些事项的变化、分析、确认、办理相应的法律手续。

这些事项有：

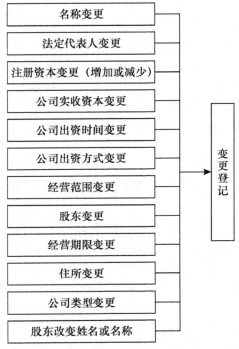

步骤2　审查公司内部变更决定程序的合规性

上述事项的公司内部变更决定程序依据公司章程或法律法规而定，各事项有所不同但又大同小异。法务人员在办理相关手续时，应熟悉或查阅章程和法律的规定，严格按照规定执行。

以有限责任公司股东向股东以外的人转让股权为例，其一般程序是：

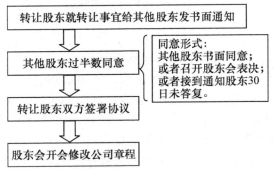

步骤 3　拟定变更事项的决定文件

变更事项作出决定后,一般应以书面文件清楚、准确记载决定的具体内容。这些文件没有法定形式,但很多地方公司登记机关为方便当事人,拟定有格式的文件样本,可以直接从其网站下载使用,或者到登记机关办事场所领取。

工作任务二　办理公司变更登记手续

步骤 1　确认并领取公司变更登记申请材料

不同的变更事项,办理登记需要提交的申请材料有所不同。具体的材料要求在登记机关办事场所或其官方网站有公示,承办人员可以向登记机关工作人员咨询领取,或者在其网站下载获取。

还是以有限责任公司股东向股东以外的人转让股权为例,需要提交的变更登记申请材料有:

(1)法定代表人签署的《公司变更登记申请书》(公司加盖公章);

(2)公司签署的《有限责任公司变更登记附表——股东出资信息》(公司加盖公章);

(3)公司签署的《指定代表或者共同委托代理人的证明》(公司加盖公章)及指定代表或委托代理人的身份证件复印件;

(4)股东向股东以外的人转让股权的,提交其他股东过半数同意的文件;或同意股权转让的股东会决议;或其他股东接到通知 30 日未答复的,提交拟转让股东就转让事宜发给其他股东的书面通知及征求意见的说明(股东之间转让股权的无须提交本材料);

(5)股东双方签署的股权转让协议或者股权交割证明;

(6)新股东的主体资格证明或自然人身份证件复印件;

(7)修改公司章程的决议(决定)以及修改后的公司章程或者公司章程修正案(公司法定代表人签署);

(8)法律、行政法规和国务院决定规定变更股东必须报经批准的,提交有关的批准文件或者许可证书复印件(如股份转让涉及外资转内资的,提交外经贸部门的批准文件);

(9)公司营业执照正副本。

步骤 2　制作公司变更登记申请材料

上述材料有些是登记机关已经制作好了的表格形式的,仔细阅读并严格按照上面的说明填写即可;有些要求申请人自行制作的,在咨询具体要求后根据内容需要制作完成。有些材料要求公司盖章的,请示公司领导加盖公章。

步骤 3　提交申请材料并领取核准文件

材料制作完成后,按照要求的份数提交给登记机关,同时公司自己保留一份存档。关于提交方式,目前大多数地方要求到登记机关办事场所现场提交。

材料提交后,有些事项可能当场就能得到答复并领取核准文件,有些则要等待登记机关研究,或者要求补充材料,或者现场核查后才能得到答复并领取核准材料。具体怎么办听候登记机关指示并做出相应应对。

学习情境四 办理有限公司解散事务

工作任务一 确认公司终止事由

步骤1 审查公司解散的决定程序

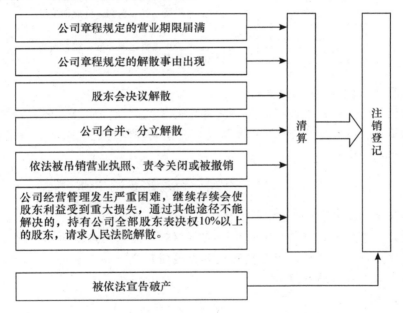

上述公司解散情形中,前四种情形可以归类为自主解散,后三种情形可以归类为被动解散。在被动解散情形下,公司只能按照有关部门的意志行事,落实有关解散事宜。对于自主解散,一般来说,公司应该根据章程规定,召开股东会或董事会就此作出决议。该决议过程应符合公司治理机构运行规则,法务人员应注意审查。

步骤2 协助并审查公司清算

公司清算的程序是:

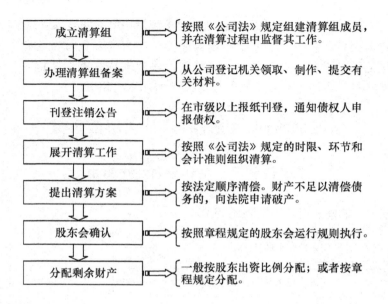

步骤3 拟定清算相关文件

在公司清算过程中,有一系列文件需要规范制作,如清算公告、清算方案、清算报告等。这些文件可以直接使用一些公司登记机关拟定的格式文本,也可以自己拟定。

工作任务二 办理公司注销登记手续

步骤1 确认并领取公司注销登记申请材料

公司注销登记需要提交哪些申请文件材料,因公司解散事由不同而有所不同。这些材料文件在公司登记机关办事场所和其网站都有公示,申请人可以现场领取或从网站下载。

一般情况下,主要应提交以下材料:

(1) 公司清算组负责人签署的《公司注销登记申请书》(公司加盖公章);

(2) 公司签署的《指定代表或者共同委托代理人的证明》(公司加盖公章)及指定代表或者委托代理人的身份证件复印件;

(3) 公司依照《公司法》做出的决议或者决定;

(4) 股东会(一人有限责任公司的股东或者人民法院、公司批准的机关)备案、确认清算报告的确认文件(有限责任公司提交由代表三分之二以上表决权的股东签署的股东会确认决议;一人有限责任公司提交股东签署的确认文件);

(5) 经确认的清算报告;

(6) 清算组成员《备案通知书》;

(7) 法律、行政法规规定应当提交的其他文件；
(8) 公司《企业法人营业执照》正、副本。

步骤2 制作并提交申请材料

上述材料领取或下载后，若是登记机关制作的格式文本，承办人应仔细阅读上面的要求，经请示公司清算组负责人确认后，一项项填写清楚并制作成规定的格式，然后现场提交给登记机关，同时公司自己保留一份存档。若是非格式文本，承办人按照实际情况真实准确撰写即可。

申请材料提交给公司登记机关后，登记机关经审查确认即将公司予以注销。

法律法规指引

1. 《公司法》（全国人民代表大会常委会）
2. 《关于适用〈中华人民共和国公司法〉若干问题的规定（一）（二）》（最高人民法院）
3. 《企业法人登记管理条例》（国务院）
4. 《企业法人登记管理条例施行细则》（国家工商行政管理局）
5. 《企业名称登记管理规定》（国家工商行政管理局）
6. 《企业名称登记管理实施办法》（国家工商行政管理局）
7. 《企业法人法定代表人登记管理规定》（国家工商行政管理局）
8. 《关于划分企业登记注册类型的规定》（国家工商行政管理局）
9. 《公司登记管理条例》（国务院）
10. 《公司登记管理若干问题的规定》（国家工商行政管理局）
11. 《公司注册资本登记管理规定》（国家工商行政管理局）
12. 《公司注册资本登记管理规定实施细则》（国家工商行政管理局）
13. 《关于股权转让有关问题的答复》（国家工商行政管理局）

模拟训练

【示例1】 学习掌握组织机构为董事会、经理、监事会的有限公司设立[①]

【案情简介】杭州钱江百货有限公司原来的经营业务是贸易零售，现准备扩张进入钢化玻璃加工行业。其优势条件是资本雄厚，但对钢化玻璃加工行业生产经营缺少经验，希望聘请一位行家负责公司的设立运营。自然人股东王大毛有钢化玻璃加工行业生产管理经营经验，但不愿仅在新设立的公司里充当职业经理人角

---

① 本教材练习案例均选自真实的案例，但为了保护当事人隐私和秘密，所有当事人姓名或名称均为化名，其身份信息也给予隐匿。若练习材料中需要填写相关信息，请使用模拟的信息。

色,而是希望在不实际出资的情况下拥有公司 15% 的股权份额。杭州钱江百货有限公司一方面钟情聘用王大毛负责新设公司的经营,愿意为其垫付出资款,另一方面希望对其有一定约束,垫付的出资能够得到回报。此外,自然人股东汪晓峰、钱利华、王克峰、朱晓能、程业建也愿意以现金形式各自投入 5%~10% 不等的注册资金金额。据测算,该公司需要注册资本 600 万元。(为操作方便,该公司名称叫做"杭州奇威特玻璃有限公司"。)

【问题与提示】

1. 应先协调投资人就成立公司的不同意见,谋划能满足杭州钱江百货有限公司与王大毛意愿的各种可能方案,根据其中一个方案起草《成立公司协议》,思考并向当事人解释该协议的法律效力。
2. 审查投资人设想的公司名称、住所、注册资本等事项。
3. 制作该公司名称核准登记手续材料。
4. 制定组织机构为董事会、经理、监事会的公司章程。
5. 制作该公司申请工商登记手续的材料。

【示例 2】 学习掌握组织机构为执行董事、经理、监事的有限公司设立

【案情简介】 杭州市恒大实业有限公司和自然人王磊、朱晓红、顾颖合议设立一家货物运输有限公司。四方初步约定:公司注册资本暂定 100 万元。其中杭州市恒大实业有限公司以货币出 51% 的资本;顾颖以其自有办公用房一套出资,价值待评估确定;王磊、朱晓红以货币平均投入余下的资本。

【问题与提示】

1. 分析该公司业务是否需要前置审批,若需要,制作申请审批的各项材料。
2. 分析怎样办理各投资人出资手续,制作符合要求的手续文件。
3. 思考该公司组织机构选取什么类型,制定该公司的章程。
4. 制作该公司申请工商登记手续材料。

【示例 3】学习掌握一人有限公司的设立

【案情简介】 宁波市恒旺环境工程有限公司经营业务为园林庭院设计与施工,为延伸业务链,现准备以现金独资设立一家花木园艺公司,经营苗木种植销售、园艺工具与设备贸易。

【问题与提示】

1. 分析一人有限责任公司在注册资本、组织机构等方面与一般的公司有哪些不同,制作该公司章程。
2. 分析一人公司工商登记要求与一般公司有无不同,制作完成该公司登记申请材料。

【示例 4】学习掌握有限公司变更登记手续办理

【案情简介】宁波市恒旺环境工程有限公司经营业务为园林庭院设计与施工，现准备扩大经营范围，拟增加苗木种植销售、园艺工具与设备贸易。试根据该设想制作完成该公司经营范围变更登记的所有手续材料。

【问题与提示】

1. 从法律上分析公司经营业务变化时，设立新的公司与变更经营范围的优劣，并据此起草法律意见书。
2. 思考经营范围变更的公司内部决策手续有哪些，制作相应的决议文件。
3. 思考经营范围变更登记需要办理哪些手续，制作相应的申请材料文件。

附录

杭州红豆食品有限公司章程

（适用于组织机构设董事会、经理、监事会的其他有限公司）

第一章 总 则

第一条 为规范公司的组织和行为，维护公司、股东和债权人的合法权益，根据《中华人民共和国公司法》（以下简称《公司法》）和有关法律、法规规定，结合公司的实际情况，特制定本章程。

第二条 公司名称：杭州红豆食品有限公司。

第三条 公司住所：杭州市江干区杭海路 123 号。

第四条 公司在杭州市工商行政管理局登记注册，公司经营期限为二十年。

第五条 公司为有限责任公司。实行独立核算、自主经营、自负盈亏。股东以其认缴的出资额为限对公司承担责任，公司以其全部资产对公司的债务承担责任。

第六条 公司坚决遵守国家法律、法规及本章程规定，维护国家利益和社会公共利益，接受政府有关部门监督。

第七条 本公司章程对公司、股东、董事、监事、高级管理人员均具有约束力。

第八条 本章程由全体股东共同订立，在公司注册后生效。

第二章 公司的经营范围

第九条 本公司经营范围为：面包、蛋糕、中西糕点、月饼的生产、加工和销售。

第三章 公司注册资本

第十条 本公司注册资本为100万元。本公司注册资本实行分期出资。

第四章 股东的名称（姓名）、出资方式及出资额和出资时间

第十一条 公司由3个股东组成：

股东一：杭州钱江百货有限公司

法定代表人姓名：王 佳

法定地址：杭州市上城区×××2号

以货币方式出资30万元，占注册资本的30％，其中首期出资10万元，于2006年1月31日前到位；第二期于2006年12月31日前出资5万元；第三期于2008年1月7日前出资15万元。

股东二：王大毛

家庭住址：杭州市下城区×××六苑3—1—402

身份证号码：3301021966060×××X

以货币方式出资20万元，其中首期出资10万元，于2006年1月31日前到位；第二期出资10万元，于2008年1月7日前到位；

共计出资20万元，合占注册资本的20％。

股东以非货币方式出资的，应当依法办妥财产权的转移手续。

股东三：汪晓林

家庭住址：杭州市下城区×××10—1—101

身份证号码：33010219780608××××

以实物方式出资50万元，其中第一期出资20万元，于2006年12月31日前到位；第二期出资30万元，于2008年1月7日前到位；

共计出资50万元，合占注册资本的50％。

股东以非货币方式出资的，应当依法办妥财产权的转移手续。

第五章 公司的机构及其产生办法、职权、议事规则

第十二条 公司股东会由全体股东组成，股东会是公司的权力机构，依法行使《公司法》第三十八条规定的第1项至第10项职权，还有职权为：

11. 对公司为公司股东或者实际控制人提供担保做出决议；

12. 对公司向其他企业投资或者为除本条第11项以外的人提供担保做出决议；

13. 对公司聘用、解聘承办公司审计业务的会计师事务所做出决议。

对前款所列事项股东以书面形式一致表示同意的，可以不召开股东会会议，直接做出决定，并由全体股东在决定文件上签名、盖章。

第十三条　股东会的议事方式：

股东会以召开股东会会议的方式议事，法人股东由法定代表人参加，自然人股东由本人参加，因事不能参加可以书面委托他人参加。

股东会会议分为定期会议和临时会议两种：

1. 定期会议

定期会议一年召开一次，时间为每年三月。

2. 临时会议

代表十分之一以上表决权的股东、三分之一以上的董事、监事会提议召开临时会议的，应当召开临时会议。

第十四条　股东会的表决程序

1. 会议通知

召开股东会会议，应当于会议召开十五日以前通知全体股东。

2. 会议主持

股东会会议由董事会召集，董事长主持；董事长不能履行职务或者不履行职务的，由副董事长主持；副董事长不能履行职务或者不履行职务的，由半数以上董事共同推举一名董事主持。董事会不能履行或者不履行召集股东会会议职责的，由监事会召集和主持；监事会不召集和主持的，代表十分之一以上表决权的股东可以召集和主持。

股东会的首次会议由出资最多的股东召集和主持，依照《公司法》规定行使职权。

3. 会议表决

股东会会议由股东按出资比例行使表决权，股东会每项决议需代表多少表决权的股东通过规定如下：

（1）股东会对公司增加或减少注册资本、分立、合并、解散或变更公司形式做出决议，必须经代表三分之二以上表决权的股东通过。

（2）公司可以修改章程，修改公司章程的决议必须经代表三分之二以上表决权的股东通过。

（3）股东会对公司为公司股东或者实际控制人提供担保做出决议，必须经出席会议的除上述股东或受实际控制人支配的股东以外的其他股东所持表决权的过半数通过。

（4）股东会的其他决议必须经代表二分之一以上表决权的股东通过。

4. 会议记录

召开股东会会议，应详细做好会议记录，出席会议的股东必须在会议记录上签名。

第十五条　公司设董事会，其成员为五人，经股东会选举产生。董事会设董事长一人，副董事长一人，由董事会选举产生，任期不得超过董事任期，但连选可以连任。

第十六条　董事会对股东会负责，依法行使《公司法》第四十七条规定的第1项至第10项职权，还有职权为：

11. 选举和更换董事长、副董事长。

第十七条　董事每届任期三年，董事任期届满，连选可以连任。董事任期届满未及时改选，或者董事在任期内辞职导致董事会成员低于法定人数的，在改选出的董事就任前，原董事仍应当依照法律、行政法规和公司章程的规定，履行董事职务。

第十八条　董事会的议事方式：

董事会以召开董事会会议的方式议事，董事因事不能参加，可以书面委托其他董事参加。非董事经理、监事列席董事会会议，但无表决资格。

董事会会议分为定期会议和临时会议两种：

1. 定期会议

定期会议一年召开一次，时间为每年三月。

2. 临时会议

三分之一以上的董事可以提议召开临时会议。

第十九条　董事会的表决程序

1. 会议通知

召开董事会会议，应当于会议召开十日以前通知全体董事。

2. 会议主持

董事会会议由董事长召集和主持，董事长不能履行职务或者不履行职务的，由副董事长召集和主持，副董事长不能履行职务或者不履行职务的，由半数以上董事共同推举一名董事召集和主持。

3. 会议表决

董事按一人一票行使表决权，董事会每项决议均需经三分之二以上（含三分之二）的董事通过。

4. 会议记录

召开董事会会议，应详细做好会议记录，出席会议的董事必须在会议记录上签字。

第二十条　公司设经理，由董事会聘任或者解聘。经理对董事会负责，依法行使《公司法》第五十条规定的职权。

第二十一条　公司设监事会，其成员为三人，其中：非职工代表二人，由股东会选举产生；职工代表一人，由公司职工代表大会民主选举产生，由职工代表出任的监事待公司营业后再补选，并报登记机关备案。

第二十二条　监事会设主席一名，由全体监事过半数选举产生。

第二十三条　监事任期每届三年，监事任期届满，连选可以连任。监事任期届满未及时改选，或者监事在任期内辞职导致监事会成员低于法定人数的，在改选出的监事就任前，原监事仍应当依照法律、行政法规和公司章程的规定，履行监事职务。

董事、高级管理人员不得兼任监事。

第二十四条　监事会对股东会负责，依法行使《公司法》第五十四条规定的第1项至第6项职权，还有职权为：

7. 选举和更换监事会主席。

监事可以列席董事会会议，并对董事会决议事项提出质询或者建议。监事会发现公司经营情况异常，可以进行调查；必要时，可以聘请会计师事务所等协助其工作，费用由公司承担。

第二十五条　监事会的议事方式

监事会以召开监事会会议的方式议事，监事因事不能参加，可以书面委托他人参加。

监事会会议分为定期会议和临时会议两种：

1. 定期会议

定期会议一年召开一次，时间为每年三月。

2. 临时会议

监事可以提议召开临时会议。

第二十六条　监事会的表决程序

1. 会议通知

召开监事会会议，应当于召开十日以前通知全体监事。

2. 会议主持

监事会会议由监事会主席召集和主持，监事会主席不履行或者不能履行职务时，由半数以上监事共同推举一名监事召集和主持。

3. 会议表决

监事按一人一票行使表决权,监事会每项决议均需半数以上的监事通过。

4. 会议记录

召开监事会会议,应详细做好会议记录,出席会议的监事必须在会议记录上签字。

第六章 公司的股权转让

第二十七条 公司的股东之间可以相互转让其全部或者部分股权。

第二十八条 股东向股东以外的人转让股权,应当经其他股东过半数同意。股东应就其股权转让事项书面通知其他股东征求同意,其他股东自接到书面通知之日起满三十日未答复的,视为同意转让。其他股东半数以上不同意转让的,不同意的股东应当购买该转让的股权;不购买的,视为同意转让。

经股东同意转让的股权,在同等条件下,其他股东有优先购买权。两个以上股东主张行使优先购买权的,协商确定各自的购买比例;协商不成的,按照转让时各自的出资比例行使优先购买权。

第二十九条 本公司股东转让股权,应当先召开股东会,股东会决议应经全体股东一致通过并盖章、签字。如全体股东未能取得一致意见,则按本章程第二十七条、第二十八条的规定执行。

第三十条 公司股权转让的其他事项按《公司法》第七十三条至第七十六条规定执行。

第七章 公司的法定代表人

第三十一条 公司的法定代表人由董事长担任。

第八章 附 则

第三十二条 本章程原件一式六份,其中每个股东各持一份,送公司登记机关一份,验资机构一份,公司留存一份。

杭州红豆食品有限公司

全体股东

法人股东盖章：杭州××百货有限公司（章）

自然人股东签字：

日期：二〇〇六年一月八日

杭州红豆食品有限公司章程

（适用于组织机构设执行董事、经理、监事的其他有限公司）

第一章 总 则

第一条 为规范公司的组织和行为，维护公司、股东和债权人的合法权益，根据《中华人民共和国公司法》（以下简称《公司法》）和有关法律、法规规定，结合公司的实际情况，特制定本章程。

第二条 公司名称：杭州红豆食品有限公司。

第三条 公司住所：杭州市江干区×××123号。

第四条 公司在杭州市工商行政管理局登记注册，公司经营期限为二十年。

第五条 公司为有限责任公司。实行独立核算、自主经营、自负盈亏。股东以其认缴的出资额为限对公司承担责任，公司以其全部资产对公司的债务承担责任。

第六条 公司坚决遵守国家法律、法规及本章程规定，维护国家利益和社会公共利益，接受政府有关部门监督。

第七条 本公司章程对公司、股东、执行董事、监事、高级管理人员均具有约束力。

第八条 本章程由全体股东共同订立，在公司注册后生效。

第二章 公司的经营范围

第九条 本公司经营范围为：面包、蛋糕、中西糕点、月饼的生产、加工和销售。

第三章 公司注册资本

第十条 本公司注册资本为 100 万元。本公司注册资本实行分期出资。

第四章 股东的名称（姓名）、出资方式及出资额和出资时间

第十一条 公司由 3 个股东组成：

股东一：杭州钱江百货有限公司

法定代表人姓名：王 佳

法定地址：杭州市上城区×××2 号

以货币方式出资 30 万元，占注册资本的 30％，其中首期出资 10 万元，于 2006 年 1 月 31 日前到位；第二期于 2006 年 12 月 31 日前出资 5 万元；第三期于 2008 年 1 月 7 日前出资 15 万元。

股东二：王大毛

家庭住址：杭州市下城区×××六苑 3—1—402

身份证号码：33010219660608××××

以货币方式出资 20 万元，其中首期出资 10 万元，于 2006 年 1 月 31 日前到位；第二期出 10 万元，于 2008 年 1 月 7 日前到位；

共计出资 20 万元，合占注册资本的 20％。

股东以非货币方式出资的，应当依法办妥财产权的转移手续。

股东三：汪晓林

家庭住址：杭州市下城区×××10—1—101

身份证号码：33010219780208××××

以实物方式出资 50 万元，其中第一期出资 20 万元，于 2006 年 12 月 31 日前到位；第二期出资 30 万元，于 2008 年 1 月 7 日前到位；

共计出资 50 万元，合占注册资本的 50％。

股东以非货币方式出资的，应当依法办妥财产权的转移手续。

第五章 公司的机构及其产生办法、职权、议事规则

第十二条 公司股东会由全体股东组成，股东会是公司的权力机构，依法行使《公司法》第三十八条规定的第 1 项至第 10 项职权，还有职权为：

11. 对公司为公司股东或者实际控制人提供担保做出决议；

12. 对公司向其他企业投资或者为除本条第 11 项以外的人提供担保做出决议；

13. 对公司聘用、解聘承办公司审计业务的会计师事务所做出决议。

对前款所列事项股东以书面形式一致表示同意的，可以不召开股东会会议，直接做出决定，并由全体股东在决定文件上签名、盖章。

第十三条 股东会的议事方式：

股东会以召开股东会会议的方式议事，法人股东由法定代表人参加，自然人股东由本人参加，因事不能参加可以书面委托他人参加。

股东会会议分为定期会议和临时会议两种：

1. 定期会议

定期会议一年召开一次，时间为每年三月。

2. 临时会议

代表十分之一以上表决权的股东、执行董事、监事提议召开临时会议的，应当召开临时会议。

第十四条 股东会的表决程序

1. 会议通知

召开股东会会议，应当于会议召开十五日以前通知全体股东。

2. 会议主持

股东会会议由执行董事召集和主持，执行董事不能履行或者不履行召集股东会会议职责的，由监事召集和主持，监事不召集和主持的，代表十分之一以上表决权的股东可以召集和主持。股东会的首次会议由出资最多的股东召集和主持，依照《公司法》规定行使职权。

3. 会议表决

股东会会议由股东按出资比例行使表决权，股东会每项决议需代表多少表决权的股东通过规定如下：

（1）股东会对公司增加或减少注册资本、分立、合并、解散或变更公司形式做出决议，必须经代表三分之二以上表决权的股东通过。

（2）公司可以修改章程，修改公司章程的决议必须经代表三分之二以上表决权的股东通过。

（3）股东会对公司为公司股东或者实际控制人提供担保作出决议，必须经出席会议的除上述股东或受实际控制人支配的股东以外的其他股东所持表决权的过半数通过。

（4）股东会的其他决议必须经代表二分之一以上表决权的股东通过。

4. 会议记录

召开股东会会议，应详细做好会议记录，出席会议的股东必须在会议记录上签名。

第十五条 公司不设董事会，设执行董事一人，由股东会选举产生。

第十六条　执行董事对股东会负责,依法行使《公司法》第四十七条规定的第 1 项至第 10 项职权。

第十七条　执行董事每届任期三年,执行董事任期届满,连选可以连任。执行董事任期届满未及时更换或者执行董事在任期内辞职的,在更换后的新执行董事就任前,原执行董事仍应当依照法律、行政法规和公司章程的规定,履行执行董事职务。

第十八条　公司设经理,由执行董事聘任或者解聘。经理对执行董事负责,依法行使《公司法》第五十条规定的职权。

第十九条　公司不设监事会,设监事一人,由非职工代表担任,经股东会选举产生。

第二十条　监事任期每届三年,监事任期届满,连选可以连任。监事任期届满未及时改选,或者监事在任期内辞职的,在改选出的监事就任前,原监事仍应当依照法律、行政法规和公司章程的规定,履行监事职务。

执行董事、高级管理人员不得兼任监事。

第二十一条　监事对股东会负责,依法行使《公司法》第五十四条规定的第 1 项至第 6 项职权。

监事可以列席股东会会议,监事发现公司经营情况异常,可以进行调查;必要时,可以聘请会计师事务所等协助其工作,费用由公司承担。

第六章　公司的股权转让

第二十二条　公司的股东之间可以相互转让其全部或者部分股权。

第二十三条　股东向股东以外的人转让股权,应当经其他股东过半数同意。股东应就其股权转让事项书面通知其他股东征求同意,其他股东自接到书面通知之日起满三十日未答复的,视为同意转让。其他股东半数以上不同意转让的,不同意的股东应当购买该转让的股权;不购买的,视为同意转让。

经股东同意转让的股权,在同等条件下,其他股东有优先购买权。两个以上股东主张行使优先购买权的,协商确定各自的购买比例;协商不成的,按照转让时各自的出资比例行使优先购买权。

第二十四条　本公司股东转让股权,应当先召开股东会,股东会决议应经全体股东一致通过并盖章、签字。如全体股东未能取得一致意见,则按本章程第二十二条、第二十三条的规定执行。

第二十五条　公司股权转让的其他事项按《公司法》第七十三条至第七十六条的规定执行。

第七章 公司的法定代表人

第二十六条 公司的法定代表人由执行董事担任。

第八章 附 则

第二十七条 本章程原件一式六份,其中每个股东各持一份,送公司登记机关一份,验资机构一份,公司留存一份。

杭州红豆食品有限公司
全体股东

法人股东盖章:杭州××百货有限公司(章)

自然人股东签字:

日期:二〇〇六年一月八日

学习单元二　公司治理中的法律事务处理

学习目的与要求

通过本单元的学习训练，应掌握股东与公司权利义务的基本内容和协调两者关系的方法；能承办股东会、董事会、监事会召开的各项事务性工作并能分析判断所做决议的合法性。

学习重点与提示

确认股东资格的手续；股东会、董事会召开前的准备工作和召开的程序性事务。

公司治理，犹如人体器官运转，是指公司内部股东、股东会、董事会、管理层和监事机构之间权利义务相互协调制衡的静的制度安排和动的运转机制。对于法务人员来说，设立公司时关注的重点应该是静的治理结构安排的合理合法；公司设立后运转过程中，关注的核心则应该是协助各机构有效规范运行，促进公司各项决策的科学做出，维护公司以及各方的正当权益。

在公司治理事务处理过程中，一些决策性事项往往由公司高层决定，具体性事项则由法务人员承办或协办，所以法务人员一是要多请示汇报，二是要注意与相关部门的协调，三是要熟练掌握相关法律规定，准确分析判断各事项是否合法合规。

学习情境一　规范办理与股东相关的法律事务

工作任务一　办理股东资格确认手续

股东资格是投资者与公司发生权利义务的基础，对股东资格的确定，能够确保每个投资者的利益，维护公司内部正常的治理秩序。公司法务人员应该掌握公司成立后股东资格确认手续的办理以保护投资人、公司和交易第三人的利益。

根据公司法的规定，完备的股东资格确认手续有：（1）公司章程记载的股东的相关情况；(2) 公司向股东签发的出资证明书；(3) 公司置备记载股东相关情况的股东名册。这些文件记载的内容应该一致，但实践中由于种种原因经常出现记载不一致的情况；也有些公司嫌麻烦不愿规范完备办理这些手续，从而导致不必要的矛盾纠纷。对此，法务人员应给予足够重视。

步骤1　公司章程记载股东的相关情况

一般来说，公司成立时拟订的章程都比较规范地记载了原始股东的有关情况，比较容易出现毛病的是，公司成立后股权发生变更时，没有及时变更章程相关事项的记载并向公司登记机关办理变更登记，从而导致纠纷发生。

章程应记载的有关股东的事项主要有：股东姓名或名称、股东的出资额、出资方式和出资时间。

步骤2　签发出资证明书

出资证明书在公司成立后由公司签发，交付股东保存。其记载内容主要有：公司名称、公司成立日期、公司注册资本、股东的姓名或名称、缴纳的出资额和出资日期、出资证明书的编号和核发日期，上面加盖公司公章。

股东实际出资后，上面项目如实填写就行了；但对于股东没有实际出资，或者分期出资中尚未出资部分如何签发出资证明的情况，《公司法》未作规定，实践中的操作五花八门，从而导致了不少纠纷。我们认为证明书中应作区别标示，明示实际出资额和未到位出资额。

公司成立后股权发生变更时，出资证明也应作相应变更，转让股东的出资证明应予以收回，给予受让股东签发新的出资证明。

原股东改变姓名或者名称的，出资证明也应作相应变更。

步骤3　置备股东名册

股东名册是公司内部置备的一个档案文件，也是股东行使权利的重要依据。股东名册应记载：股东的姓名或者名称及住所、股东的出资额、出资证明书编号。

实践中很少有公司置备这一文件，因为很多人认为股东名册与公司章程对股东情况的记载是同一个文件；也有人认为它们是两个重复文件，《公司法》的规定有叠床架屋之嫌。我们认为这些观点都是错误的。从《公司法》规定的记载内容看，这两个文件显然不是一回事，尤其是"出资证明编号"只能是公司成立后才有的，而公司章程在公司成立之前就要签订好，显然不会记载公司成立后才会签发的《出资证明书》。公司章程是股东之间的一种约定，股东名册则是对股东身份事实的确认。更为重要的是，《公司法》第33条规定："记载于股东名册的股东，可以依股东名册主张行使股东权利。"细细品味这句话，不难看出，就股东权利及其行使而言，股东名册比出资证明、章程记载似乎还要重要。所以，从公司规范运作角度考虑，法务人员要提醒公司不得轻视股东名册的置备。

工作任务二 协调股东与公司的法律关系

股东是公司存在的基础，是公司的核心要素；没有股东，就不可能有公司。同时，公司是股东权益的保障，没有公司的良性发展，股东利益也是无源之水。所以，股东与公司之间是一种互相依存的利益共同体，建立一个和谐的股东与公司关系对于双方都至关重要。

股东与公司的关系有着多重意义，从法律上看，其基本内容是相互间的权利义务关系，欲使关系和谐，关键是双方依法诚信对待和行使自己的权利义务。

步骤1 督促股东履行出资义务

股东对公司应当履行的义务最重要的是按照章程的规定缴纳出资，这也是股东资格取得的物质基础。在股东出资问题上法务人员需要注意的是：

（1）督促股东按照章程规定按时据实缴纳，特别是章程若规定有延期出资的，股东可能因一时忘记或其他原因没有按时缴纳时，应及时提醒股东。

（2）协助股东按照法律规定对非货币出资办理评估作价、财产权转移等相应手续。

（3）若有股东在公司成立后抽逃出资的，应对其讲清厉害，及时制止。

步骤2 协助股东正确行使权利

股东在公司中享有一系列权利，股东在行使这些权利时，一方面必须遵循诚实信用原则，秉持正当目的，不得有滥用权利、扰乱公司正常经营秩序、损害公司利益的行为；另一方面还要采取法律或章程规定的形式或程序。

对股东行使股权的形式，《公司法》大多数情况下没有强制性要求，只有下列情况有些特别形式要求：

（1）股东意欲行使知情权，要求查阅公司会计账簿的，应当向公司提出书面请求，并且说明目的。

（2）股东在转让自己的股份的时候应该采用书面的方式通知其他股东。其他股东应该自接到书面通知之日起满30日给予答复，未答复的，视为同意转让。

此外，公司章程可以对股东股权行使形式作出特别规定。

对于股东的权利及其行使，公司有义不容辞的责任予以维护和保障。作为公司雇员的法务人员在其中应该起着协调润滑作用，一方面给股东以必要的、专业上的指导和协助；另一方面要认真审查股东行使股权的目的，对其不当行为及时向公司管理层提交法律分析意见。

步骤 3 调解股东矛盾

在公司的运作过程中，股东在行使权利时，股东与股东之间、股东与公司之间，不可避免地会产生各种矛盾。如常有小股东认为大股东控制股东大会表决形成不公平的决议，从而侵害了小股东的利益；也有股东认为董事会的决议违背了公司的整体利益要求予以撤销或者要求赔偿；或者股东认为董事个人的行为侵害了公司利益要求赔偿等等。对于这些矛盾纠纷，公司的法务人员不应消极地代表公司等待应诉，而应该积极地了解事实的真相，向冲突的双方宣传法律，引导产生冲突的各方化解分歧，缓解矛盾，尽量达成共识；达不成协议的，依法处理。

学习情境二 协助股东会规范运作

股东会是由全体股东组成的会议体权力机关，由于股东会的性质以及公司的正常运营需要，股东会不可能也没有必要经常、随意召开；而另一方面，股东会制度是为维护股东权益而存在，也应该在必要时发挥其应有的作用和功能，以防止该制度被不合理"架空"，损及公司和股东利益。因此，保证股东会有效运作就成为公司治理机制中一个必不可少的环节。法务人员在其中担当着重要职责，很多时候还是股东会召开的具体事务工作承办人，所以，对股东会召开一系列环节的事务必须掌握了解。

工作任务一 承办股东会召开的准备事务

步骤 1 确认审查召集人的适格性

股东会应由具有召集权的人依照法律规定的程序召集。股东会的召集人具有召集权是股东会程序合法的必备条件之一。股东会召集前，法务人员应根据《公司法》第41条关于股东会的召集人和主持人的规定，帮助分析召集人或召集提议人是否有正当的召集权，以确定是否继续下一步工作。

步骤 2 确认股东会会议议程

股东会会议形式主要有书面表决和股东集聚开会两种，具体形式以及对应的决定事项由公司章程决定。所以，确认会议议程首先是根据公司章程确认股东会会议形式。

当确定股东会采取书面表决方式时，需要注意的是，其前提条件是股东对议题一致表示同意。这是《公司法》第38条的强制性规定。

当确定股东会采取会议形式时，为了提高会议效率，承办的法务人员要与会议召集人沟通，提前准备好会议议程。股东会议程除一般性地确定好时间、地点、会议设备外,最重要的是确定会议议题及准备相关材料。会议议题一般由会议召集人确定,其他股东也许会有提案。在准备这些事项时需要注意的是,法律、行政法规和公司章程对会议议程有规定的,该议程具有法律效力,必须得到遵守;法律、行政法规和公司章程没有规定的,会议召开前临时根据实际需要确定,但具有什么样的法律效力,实践中有争议。我们认为这种临时确定的议程不能产生《公司法》第22条所规定的后果。

例如,公司章程若规定,股东会定期年会应审议批准董事会或者执行董事的报告、监事会或者监事的报告、年度财务预算和决算方案、利润分配方案、弥补亏损方案的,则股东会定期年会召开时必须将这些事项列为议题,会务准备还要置备相应的书面材料。

步骤3 发出会议通知

发出会议通知就是将股东会召开的信息传达给股东,以使其能按时参加会议并表达意见和行使表决权。这是《公司法》规定的强制性程序,违背将构成程序违法,可以被相关股东申请人民法院撤销。但有限责任公司的股东会会议通知的具体办法,《公司法》没有做出强制性规定,而是由公司章程做出个性化规定或者根据具体情况确定。实践中,需要注意下列问题:

(1)通知时间:章程有规定的,按照规定执行;章程没有规定的,按照《公司法》的规定,提前15天通知。

(2)通知方法:章程有规定的,按照规定执行;章程没有规定的,理论上可以采取电话、电邮、书信等方式,但为保留证据起见,最好采取挂号信投递为妥。

(3)通知内容:一般应包括会议召开的目的、地点、会议议题,以及出席会议要求。

(4)通知对象:应是全体股东。

工作任务二　协助股东会议规范召开

步骤1 审核会议出席人身份

中小企业的有限责任公司股东一般彼此熟悉,冒名顶替几乎不可能,所以身份验证基本没有必要,但若股东代理人出席,公司章程也允许的话,则要提交书面的委托代理手续和代理人的个人有效身份证件以备查。

出席会议的股东或代理人应在会议记录上签到。

步骤2 规范股东会表决

股东会的顺利高效召开应按照事先确定的议程进行,其意义上文已经介绍。在股东会会议议程中,核心环节是会议表决。股东会表决程序是具有法律意义的程序，违反了可能导致股东申请撤销股东会决议。所以，法务人员应根据《公司法》和公司章程的规定监督会议表决，对违反表决程序的行为及时提醒纠正。

同时，法务人员应对股东会的决议内容进行合法性和合规性审查。审查内容主要有两项：一看决议内容是否属于公司章程规定的股东会职权范围；二看决议内容是否违反法律、行政法规。例如董事、监事选举属于股东会职权，但《公司法》对董事、监事的资格条件有一系列要求，若股东会选举了不符合要求的董事、监事，法务人员应及时提出意见。

步骤3 规范拟定或审查股东会决议

股东会的决议应制作成书面文件。文件所载内容一般包括：

（1）会议基本情况：会议时间、地点、会议性质（定期、临时）；

（2）会议通知情况及到会股东情况：会议通知时间、方式，到会股东及其所持股份数，缺席股东情况；

（3）会议召集人和主持人；

（4）决议表决情况，即赞成股东及股份数，反对股东及股份数，弃权股东及股份数；

（5）股东盖章（组织体股东）或签字（自然人股东）。

学习情境三 协助董事会规范运作

董事会是公司的经营决策机构，主要由股东会选举的董事组成，对股东会负责。基于经营决策机构的性质，董事会运行强调"效率优先"原则；基于股东会的执行机构性质，董事会又要奉行"兼顾公平"原则，所以，董事会的设置具有很大的灵活性。股东人数较少和规模较小的有限公司，可以设置一名执行董事，不设董事会。执行董事还可以兼任公司经理。这样的公司的经营决策机制没有过多的限制性规则，主要取决于执行董事的个人判断，所以其"本身"的运行没有程序性规则要求，有的是执行董事行使职权必须履行对公司的忠实义务和注意义务问题。股东人数较多和规模较大的有限公司通常设置由若干董事组成的董事会，这样的集体性质的机构的规范有效运行依赖内部的"规则"，并且其规则具有法律意义，所以协助董事会按照《公司法》和公司章程规定的规则运行是法务人员的重要工作。

工作任务一 承办董事会召开的准备事务

步骤1 确认（审查）召集人的适格性

董事会召集人是否适格的判断依据《公司法》第48条的规定，不符合该规定召开的董事会及其决议是有瑕疵的,可能会被股东申请人民法院撤销。

步骤2　确认董事会会议议程

法律、行政法规和公司章程对董事会会议议程有规定的,应该严格按照规定执行;法律、行政法规和公司章程没有规定的,由会议召集人确定。议程的主要内容是由会议召集人与董事会其他成员商议确定会议议题。至于会议召开期间每个董事是否有权要求临时增加议题,按照公司章程规定执行;章程没有规定的,原则上由全体董事的过半数决定。

此外,会议的时间、地点、设备准备等会务事项也要提前确认,有时可能还有书面材料需要提前准备。

步骤3　发出会议通知

发出会议通知是将会议议程及其他会议材料在会议召开之前送达每位董事,以便于董事充分进行准备,在会议上可进行充分的讨论。

通知的方式和时间按公司章程规定执行;章程没有规定的,应当选择适当时间并采取适当的方式进行。通知内容根据需要确定,一般应包括会议召开的目的、地点、会议议题,以及出席会议要求。

工作任务二　协助董事会会议规范召开

步骤1　审核会议出席人

主要审核两个事项:一是出席人身份审核。如果董事亲自出席,一般无须查验身份证明,但若有董事委托其他董事出席的,则要查验委托手续及代理人身份证明。委托书应当载明代理人的姓名、代理事项、权限和有效期限,并由委托人签名或盖章。二是查验出席董事是否达到规定人数。如有些公司章程规定,董事会会议应有过半数的董事出席方可举行,董事会做出决议,必须经全体董事的过半数通过。那么当出席董事没有达到半数时,董事会会议就不应继续进行。

上述审核结果应记录在案,并由全体出席董事在会议记录上签到。

步骤2　规范董事会表决

董事会会议召开按照会议议程进行,议程中最关键环节是表决。对董事会表决主要要关注两点:一是董事会会议实行一人一票的表决方式;二是决议通过的最低票数依据章程规定,章程没有规定的,一般要达到出席会议的董事过半数同意。

同时,法务人员应对董事会的决议内容进行合法性和合规性审查。审查事项有二:一看决议内容是否属于公司章程规定的董事会职权范围;二看决议内容是否违反法律、行政法规。

步骤3　规范拟定或审查会议记录

董事会会议记录除了记载会议的时间、地点、性质、通知情况、出席人情况、召集人、主持人等基本要素外，重点要记载下列内容：

(1) 对所议事项的决定内容；

(2) 对决议持反对意见的董事及其意见内容。

学习情境四　协助监事会工作

监事会是基于公司内所有权与经营权的分离，为使经营者时时尽职尽责履行义务，防止其滥用权力而损害公司、股东及债权人利益而设置的，专事监督公司业务执行状况以及检查公司财务状况的必设机构。有限公司的监事机构也有两种形态，一种是股东人数较少或规模较小的有限责任公司，不设监事会，可以只设一到两名监事；另一种是一般的公司设置监事会。

设置一到两名监事的有限公司，其监督职能通过监事个人行使职权得以实现，其法律上的规范要求主要是监事的行为应该符合法律和公司章程规定的职权和方式，没有"会议"运作如何规范的问题。法务人员的工作相对单一，重点是协助监事行使职权，协调监事与经营层的关系。

监事会采取召开会议形成集体决议的形式发挥职能作用，这种运作机制与董事会的运作机制基本相同，所不同的是它们的职权和行为方式。所以，就工作项目和程序而言，法务人员协助监事会规范运作与协助董事会规范运作是基本相同的。基于此，为行文简洁和提高学习效率，这里对法务人员的相关工作只作提纲式介绍，细节内容可以参考协助董事会工作的要求。

工作任务一　承办监事会召开的准备事务

步骤1　确认（审查）召集人的适格性

步骤2　确认监事会会议议程

步骤3　发出会议通知

工作任务二　协助监事会会议规范召开

步骤1　审核会议出席人

步骤2　规范监事会表决

步骤3　规范拟定或审查会议记录

虽然监事会与董事会的运作机理基本相同，法务人员为两个机构服务的工作项目和程序也大同小异,但协助监事会工作的技巧要求更高。原因在于法务人员是由董事会或经理等经营层决定聘任的公司雇员,难免要看经营层眼色行事;而监事会却是以维护公司及其众多股东利益为己任,是与经营层对立的机构,积极协助监事会工作也是法务人员的本职工作。面对监事会与董事会的矛盾对立,法务人员有时难免左右为难,为此必须讲究工作技巧,既要坚持原则,又不能失去灵活性。坚持原则要求以维护公司利益为出发点,以法律和公司章程的相关规定为行事指南;灵活性则要求尽可能采取和缓的协调的方法处理问题,避免对立演化为对抗。

法律法规指引

1. 《公司法》(全国人民代表大会常委会)
2. 《关于适用〈中华人民共和国公司法〉若干问题的规定(一)(二)》(最高人民法院)
3. 《企业法人登记管理条例》(国务院)
4. 《企业法人登记管理条例施行细则》(国家工商行政管理局)
5. 《企业名称登记管理规定》(国家工商行政管理局)
6. 《企业名称登记管理实施办法》(国家工商行政管理局)
7. 《企业法人法定代表人登记管理规定》(国家工商行政管理局)
8. 《关于划分企业登记注册类型的规定》(国家工商行政管理局)
9. 《公司登记管理条例》(国务院)
10. 《公司登记管理若干问题的规定》(国家工商行政管理局)
11. 《公司注册资本登记管理规定》(国家工商行政管理局)
12. 《公司注册资本登记管理规定实施细则》(国家工商行政管理局)
13. 《关于股权转让有关问题的答复》(国家工商行政管理局)

模拟训练

【示例1】学习掌握与股东相关的法律事务的办理

【案情简介】 单元一"示例1"中的杭州奇威特玻璃有限公司成立后,法务人员接受任务给所有股东规范办理资格确认手续。

公司成立一个月后,股东汪晓峰提出自己有急事需要向公司借出与出资款等额的借款,公司经理答应了其要求。

【问题与提示】

1. 思考股东资格确认手续有哪些,制作相关确认手续文件。

2. 思考股东缴纳出资的法律意义和要求，就股东汪晓峰借款一事提出法律意见。

【示例2】学习掌握公司各机构召集会议事务的办理

【案情简介】单元一"示例1"成立的杭州奇威特玻璃有限公司各股东就新公司成立各事项协商达成一致后，准备召开第一次股东会、第一次董事会和第一次监事会。法务人员接到会务组织任务。

【问题与提示】

1. 确认会议召集人是否合规，思考接受任务时，应与召集人沟通交流哪些事项。
2. 思考会议通知应记载哪些内容，各制作一份书面会议通知。
3. 思考对会议应进行哪些合法合规审查。
4. 思考会议决议的形式和内容，各制作一份会议书面决议。

【示例3】学习掌握公司各机构召集会议事务的办理

【案情简介】单元一"示例1"成立的杭州奇威特玻璃有限公司经过一年生产经营后，准备召开公司股东年度会议。法务人员接到会务组织任务。

【问题与提示】

1. 思考该次会议议题，事先需要准备的材料及材料准备的责任人。
2. 思考会议通知如何发放，制作一份书面会议通知。
3. 思考对会议应进行哪些合法合规审查。
4. 思考会议决议的形式和内容，制作一份会议书面决议文件。

【示例4】学习掌握公司股权转让事务的办理

【案情简介】单元一"示例1"成立的杭州奇威特玻璃有限公司股东汪晓峰准备将其持有的股权份额5%转让给股东以外的自然人程林。法务人员协助其办理相关法律手续。

【问题与提示】

1. 思考本次转让需要履行的其他股东同意手续，并制作相关的材料文件。
2. 思考本次转让需要履行的公司同意程序，并制作相关的材料文件。
3. 思考本次转让需要履行的登记变更手续，并制作相关的材料文件。

附录

杭州红豆食品有限公司股东会决议

根据《公司法》及本公司章程的有关规定，本公司于 2006 年 2 月 10 日在公司会议室召开了公司股东会第一次会议，会议由出资最多的股东汪晓林召集并主持，由代表 100％表决权的股东参加，经代表 100％表决权的股东通过，做出如下决议：

1. 选举汪晓林、吴昊、陈思毅为公司本届董事，任期三年（自二〇〇六年一月六日至二〇〇九年一月五日止）。
2. 选举钱叶虎、吴业松、程志锋为公司本届监事，任期三年（自二〇〇六年一月六日至二〇〇九年一月五日止）。

杭州红豆食品有限公司公司股东会

法人（含其他组织）股东盖章：

自然人股东签字：

日期：二〇〇六年一月六日

注：该决议由新一届全体股东盖章或签字（若没有全体股东盖章或签字的，则①盖章或签字同意的股东所代表的表决权应当大于或等于公司章程规定的比例；②登记机关必须按照公司章程的规定审查会议召开的程序）。

杭州红豆食品有限公司股东会决议

根据《公司法》及本公司章程的有关规定，本公司于 2007 年 3 月 10 日召开了公司股东会，会议由代表100％表决权的股东参加，经代表80％表决权的股东通过（股东王大毛弃权），做出如下决议：

1. 同意本次增资的总额为100万元人民币。

2. 杭州钱江百货有限公司原拥有本公司30万出资额，现追加投资15万元人民币，追加投资方式为现金，前后共出资45万元人民币，占注册资本的22.5％；

王大毛原拥有本公司20万出资额，现追加投资10万元人民币，追加投资方式为现金，前后共出资30万元人民币，占注册资本的15％；

汪晓林原拥有本公司50万出资额，现追加投资25万元，追加投资方式为现金，前后共出资75万元人民币，占注册资本的37.5％。

3. 同意接收汪涵为本公司新股东，同意该股东对本公司投资50万元人民币，投资方式为现金，占注册资本的25％。

杭州红豆食品有限公司公司股东会

法人（含其他组织）股东盖章：

自然人股东签字：

日期：二〇〇七年三月十日

注：1. 本决议应由增资前的全体股东盖章或签字。（1）新增资本时，不按照实缴的出资比例认缴出资的，必须全体股东盖章或签字；（2）新增资本时，按照实缴的出资比例认缴出资，若没有全体股东盖章或签字的，则①盖章或签字同意的股东所代表的表决权应当大于或等于公司章程规定的比例；②登记机关必须按照公司章程的规定审查会议召开的程序。

2. 如增资后股东发生变化，则修改章程的决议应当由增资后的股东会另行作出，但该决议无须提交给工商登记机关。

杭州红豆食品有限公司董事会会议决议

　　根据《公司法》及本公司章程的有关规定，本公司董事会于 2006 年 2 月 15 日在公司办公室召开了公司董事会第一次会议，会议由出资最多的股东汪晓林召集并主持，由全体董事参加，经全体股东一致通过，做出如下决议：
　　1. 选举汪晓林为公司本届董事长，法定代表人。
　　2. 聘请吴昊为公司总经理。

　　全体董事签名（按手印）：

2006 年 2 月 15 日

学习单元三 企业合同管理法律事务处理

学习目的与要求

了解合同谈判的基本过程、工作内容和组织方法,掌握合同制作的要求、基本方法和技能技巧,熟知监控合同履行的主要内容并能运用监控的基本方法。

学习重点与提示

合同谈判情报的收集内容与方法;合同制作基本要求与技能;合同履行监控方法。

合同是企业进行市场交易的最基本、最重要的手段,合同管理也是企业各部门共同参与、协调配合进行的基本的、重要的工作;尤其对法务人员而言,在合同管理的各个环节进行法律上的把关,预防法律风险,实现企业利益最大化是一项日常性的、主要的工作。

企业合同管理的完整过程包括合同的谈判、签订、履行三个阶段,本单元也是以这三个阶段为线索全面介绍学习法务人员应做的相关工作,但实践中法务人员参与合同管理的时机、参与的程度和承担的具体工作可能有所相同。

学习情境一 参与合同的谈判

工作任务一 调查交易对象的资信

孙子曰"知己知彼,百战不殆",这句话用在合同谈判中也是颠扑不破的真理。商场虽不如战场那般你死我活,但却可能不时面临欺诈背信,因此,企业在商场纵横竞争时,害人之心不可有,防人之心不可无。所以,合同谈判第一步工作就要认真仔细调查清楚交易对象的真实情况,并将这项工作一直持续到合同履行完毕。

步骤1 调查交易对象的签约资格

合同是具有法律效力的文件,要求签约当事人都必须具有相应的资格,否则可能会导致合同无效,或者埋下违约隐患。

对交易对象签约资格的调查内容主要包括以下几个方面:

(1) 交易对象的基本情况。如果是自然人,应根据交易内容查明其真实的姓名、出生日期、户籍所在地、居住地、婚姻情况、工作处所、有无犯罪记录、个人信誉等等情况。如果是经济组织,则应查明其是否有法人资格、组织形式(公司、合伙还是个人独资企业等)、住址、经营范围、法定代表人等情况。

(2) 特殊交易当事人的资质情况。特殊交易是指依照我国法律法规的规定,交易的标的的生产经营需要申办行政许可的交易。从事这些交易的当事人必须具有相应的行政许可资质,不具备资质或者其资质等级与合同的内容不匹配的,所签合同将会无效。

(3) 代理人的授权情况。如果合同谈判或签订不是交易对象本人,而是自然人委派的代理人或经济组织委派的业务员,就要对该代理人本人身份、代理资格、代理权限等情况进行审查确认。

上述信息调查的途径和方法一般是查阅有关的法律证书,如自然人的身份证、企业的营业执照、特种行业经营许可证等,绝不可仅凭其名片、介绍信、工作证、公章、营业执照复印件等无法核实的证件就轻信对方。有时查看了身份证、营业执照等证件的原件可能还不行,慎重起见,还可以到有关行政部门查阅事实情况。对代理人的调查主要是审核被代理人出具的授权委托书原件(公司的法定代表人签署的授权委托书也可)。

步骤2 调查交易对象的履约能力

调查交易对象的签约资格解决的是可不可以谈判和签约问题,调查交易对象的履约能力则是要解决能不能谈判和签约的问题,即某项交易对方履约的可能性多大,或者说对方违约的可能性多大。这应根据交易内容进行调查。主要调查的内容有:

(1) 交易对象的经济实力。如果交易对象是公司,则要了解其注册资本总额、实有资本总额及其对外债权债务、生产能力和技术力量等。如果是独资企业、合伙企业,则应调查其投资人的财产状况和经济实力。如果是自然人,则应调查其本人和家庭财产状况。

(2) 交易对象的经营情况。包括其经营范围、生产规模、生产状况、职工人数、办公场所状况、经济效益、主要货源、主要市场、营销网络、营销方式和营销业绩情况,等等。

(3) 交易对象的商业信誉。主要包括其产品质量、销售服务质量、以往的履约率、实际信用状况，等等。

(4) 交易标的权利状况。这个信息对合同买方尤其重要。主要包括交易卖方是否是交易标的（物）的合法权利人，财产上有无设定了抵押、质押、租赁，等等。

上述情况的调查途径和方法可以查阅有关的法律文件，如营业执照、房产证、知识产权证书等，必要时可以到官方的法院、工商、税务、金融、供水、供电等机构去调查；但麻烦的是，除工商部门外，其他机构目前对信息查询有着种种限制，企业实际还不能正当地利用其征信系统。这样，需要的话就不得不另辟蹊径，通过工商名录、商业广告、报刊杂志，或者通过与被调查对象有业务往来的客户、合作伙伴、业内人士、社区居民等途径进行了解。但要注意的是，调查手段可以尽可能穷尽，但一定要合法，不能采取"鸡鸣狗盗"一类的非法手段。

步骤3 制作资信考察分析报告

这一步骤不是必须的但值得提倡。通过报告写作，一来可以更深入仔细地分析调查了解到的情况，获得更准确的结论；二来可以积累企业自己的资信系统，提高以后的工作效率；三来对企业领导也是一个交代，增加领导的好感。

报告的写作没有规定的模式，主要根据内容的需要而定。但一般应该有下列项目：

(1) 标题。标题的结构：本企业名称——拟签合同性质——拟签约对象——报告书内容——文种。

(2) 主送单位。根据拟签合同的风险程度，按照企业内部合同管理制度的规定，顶格写明主送单位。一般情况下，一般合同的资信考察报告主送分管的副总经理，风险合同的资信考察报告主送总经理，高风险合同的资信考察报告主送董事长或者分管的副董事长。

(3) 前言。前言表明写作目的和考察过程。

(4) 考察结果。这部分是整个资信考察报告书的主要内容，应当将调查了解的所有情况，包括已经弄清楚的和尚有疑问的，分门别类地一一叙述清楚。如对方签约资格情况、对方特殊资质介绍、对方经济实力情况、对方的技术与人才、营销网络、营销方式和营销业绩情况、对方的信用记录或商业信誉情况，等等。

(5) 结论与建议。这部分用总结性语言叙述经前文分析得出的结论，并提出可以签订合同或不可以签订合同的建议。但要注意，该部分用语不可绝对，应辩证地、全面地阐述观点。

工作任务二　参与合同谈判组织实施

实践中,企业进行各种交易的合同谈判形式多样、复杂、灵活,有些时候,一个电话、一个电传或者一个电邮可能就达成了交易;也有些时候,需要组建具有一定声势的谈判团队,经过来来往往的多个回合才能达成一致。不仅如此,企业各种交易的合同谈判复杂性还表现为其涉及的问题很广,需要考虑的因素很多,各种技能技巧更是令人眼花缭乱,需要我们学习训练的东西自然不少。但鉴于本课程的主旨和时间限制,这里主要介绍学习市场交易谈判的基本结构及需要注意的主要事项。

步骤1　组建谈判团队

组建一支团队进行的合同谈判通常是要签订重大复杂的合同,一些小的交易合同谈判往往委派一两个业务员去处理就可以了。

大型谈判的团队搭建应根据谈判内容的需要而定,并没有固定的模式,其一般的框架可以由销售业务员、技术人员、公关人员、法务人员、文字秘书等组成。人员选定好后,还应根据各个成员的特点和职位进行合理分工,确定主谈和专项业务辅助人员。

步骤2　制定谈判预案

谈判预案的制定不应"闭门造车",而应基于对谈判涉及的各种情况信息的了解掌握。这些信息除本单元学习情境一介绍过的对手的基本信息外,还应更深入、更全面、更准确。如本次交易双方力量对比、以往的交易习惯、市场类似交易行情、本次谈判对方人员的特点、对方可能的底线,等等。

预案的数量应该有两个以上。预案的内容也无定规,一般包含:(1)确定初始立场;(2)确定谈判的底线;(3)选择的战略战术;(4)让步和条件交换;(5)谈判议程;(6)谈判时间,等等。总之,预案越仔细、越全面,谈判就越主动。

步骤3　组织实施谈判

从理论上看,一场完整的商务谈判要经过摸底、报价、磋商、缔结协议等几个阶段,但实际的谈判过程没有如此清晰。在这个过程中双方你来我往、讨价还价、斗志斗勇,其技能技巧丰富复杂、洋洋大观。例如常见的战术手段有"欲擒故纵"、"软硬兼施"、"拖延时间"、"最后通牒"等等。

步骤4　确认谈判成果

确认谈判成果是将谈判的主要过程、内容和结果记录下来,为制作正式合同文本准备基础。这是一项非常重要的承上启下的工作。

在谈判的过程中,每当双方就某一事项或某一条款达成一致时,应及时将其记录下来，然后转向下一事项。这样可以大大提高效率。当全部谈判结束后，可以制作一个总的意向书、谈判纪要或备忘录，书面确认谈判成果。

学习情境二 参与合同的管理

工作任务一 起草（审查）合同

《合同法》规定，当事人可以以书面形式、口头形式和其他形式订立合同，但企业在进行各种市场交易时，还是应该提倡采用书面形式订立合同，这样可以减少一些不必要的纠纷，或者发生纠纷时有白纸黑字的处理依据。本单元针对订立书面合同情形来介绍学习有关工作任务。

作为合同一方当事人的企业的法务人员参与合同订立面临的任务有可能是起草合同也可能只是审查合同。起草合同一般是本方获得了起草权，且企业领导交代由法务人员负责起草合同。审查合同一般是对方起草合同草案，或者本方业务部门起草合同草案，法务人员对合同草案进行审查。这两种任务只是工作方式不同，但基本原理和规则相似，所以我们着重学习更有代表性的起草合同的方法。

作为法务人员，起草合同有两个基本规则：一是遵守法律。就是合同的内容和形式要符合法律、行政法规、地方法规或自治条例和单行条例、各类规章的规定，不得与这些规定，特别是禁止性规定发生冲突。其中若有与法律、行政法规相冲突的可能导致合同无效；若有与地方法规及各类规章相冲突的，未必导致合同无效，但可能导致当事人受到行政处罚或承担不利的诉讼结果。对于合同的合法性问题，法务人员若与企业领导意见不一致的，既要坚持原则又要积极考虑解决对策。对于企业领导和业务部门来说，最不喜欢的是法务人员一味否定，长篇大论解释为什么不能做之类的法律问题，而是希望在合法合规性与商业目标之间寻求平衡，得到一个合法可行的解决方案。二是尊重合同当事人达成一致的意思。就是起草的合同应准确表达当事人经协商达成的一致意思。起草过程中若发现有不明确或不利于某一方的情形，应及时提醒己方有关人员，怎样处理由有关人员决定。

除了坚持上述两项基本规则外，合同写作的技能技巧也不可忽视。通常要注意的是：文字规范、用词准确、条款完备、逻辑严密。这些要求与一般的文章写作有不少相似之处，并不神秘，但实际做起来需要一定的水平和丰富的经验积累，更需要认真仔细地对待。具体写作的步骤大致如下：

步骤1 构思合同基本框架

合同起草之前，应根据内容需要，对合同总体架构有一个设计，不可匆忙上马，边想边写，边写边想，最后往往发现结构混乱、前后矛盾甚至重心错误而不得不推倒重来。

首先要设计的是合同形式。这里的形式不是指口头、书面等合同载体形式，而是指在一些复杂的交易中，可能涉及很多内容，于是产生了这么多内容能不能用一个合同容纳的问题。如果交易内容很多，且可以分割为几个独立项目的话，就要考虑采用几个既有联系又各自独立的合同。一般情况下，一次交易只用一个合同就行了。

一个独立的合同的大的结构和格式通常这样安排：

（1）标题。合同标题可简可繁，但应规范。合同法规定的有名合同应当尽可能使用法定的统一名称；合同法上没有规定的，名称按照交易习惯确定。

（2）签约各方当事人的基本情况。如是单位，要列明其全称、住所地、法定代表人的姓名和职务、联系方式，有时还注明工商登记号和企业代码（如果内容涉及，还应当写明生产许可证或经营许可证的编号或者资质等级等内容）。如是自然人，要列明姓名、身份证号码、工作单位或住址、联系方式。

为了叙述简便，按照交易习惯，合同一般依照"甲、乙、丙、丁"等字符代表各方当事人。

（3）"鉴于"条款。"鉴于"条款主要描述订立合同的背景、订立原则、目的等。例如某房屋租赁交易的"鉴于"条款可以这样表述："鉴于甲方合法拥有坐落于××市××路××号房产一幢，有意按照本合同规定条件出租给乙方使用，双方本着自愿公平、平等互利、诚实信用的原则，经充分协商，订立以下条款，共同恪守。"

（4）合同主条款。

（5）各方签字盖章处。包括当事人名称或姓名、签约代理人签名以及签约日期等。

（6）附件。附件一般包括双方营业执照副本和其他有关许可证和资质证书的复印件、知识产权证明文件副本（或复印件）、自然人的相关职业资格证明文件复印件、标的物质量规格标准和参数的明细表等。

在设计合同基本框架时，一个省力的做法是在书本、光盘、互联网上搜索已经成型的类似范本和模板进行参考，但是一定要注意，必须根据具体情况和内容灵活变通运用，否则生搬硬套就可能导致不伦不类，甚至闹出笑话。

步骤2　精雕细琢合同主条款

合同主条款要写明当事人协商的交易内容，即双方要进行什么交易、如何交易、何时交易、逾期不能完成交易如何处理等。这是合同的核心部分，必须精心设计、精心撰写。

一般情况下，合同主条款可以按照《合同法》第 12 条规定的八个必备要素进行搭建。不过需要注意的是，这八个要素不一定构成八个合同条款，也许一个要素需要几个条款才能表述完整清楚，也有可能一个条款涉及几个要素。

八个要素中的"当事人"上文已有介绍，这里不再重复。其他七个要素的表述需要注意以下细节：

1. 标的

合同标的是合同当事人权利义务指向的对象，其类别分有形物、知识产权和行为。有些合同，如买卖合同，可能三类标的全有，有些合同可能只有其中一两类标的。

有形物标的应写明产品名称、规格、型号、性能、其他各项参数等。知识产权根据知识产权的实际情况，分别说明知识产权的性质、名称、权利状况、性能用途和有形载体等。行为标的应写明行为的内容、条件、成果等。例如，在一个购销电器的合同中，标的就有有形物——电器产品，知识产权——商标、专利，行为——交付方式、维修服务等三类。

此外，还须写明与标的密切相关的如包装要求、附属设备与零配件、图纸资料和使用说明书等。

2. 标的数量

数量计量单位应当采用符合国家标准的公制单位；没有国家标准，应当合乎行业标准；没有行业标准，应当合乎交易习惯，或双方约定一个统一的标准。标的数目应当同时有阿拉伯数字的小写和汉字的大写，大小写应当一致。

3. 标的质量

该要素主要应明确标的物质量适用的质量标准和质量保证期间。具体的标准可以是国家标准、行业标准或者特别约定的标准参数，但表述一定要明确具体，指明标准的编号和全称，由哪个政府部门或行业协会机构于何年何月制定。

还要明确质量检验的机构、检验的方式方法。

4. 价金/报酬

一般合同为价金，服务、劳务类合同为报酬。总之，此要素是体现合同标的交换对价及合同"标的额"的要素，它与合同标的一起，构成合同的核心内容。价金/报酬须写明的是：计算和支付所依据的货币币种、支付条件和支付方式；还应当明确的是，合同金额是否含税，发票如何开。

5. 履行

概言之，履行要素需要明确的是"五个 W"。即时间（When）、地点

（Where）、主体（Who）、义务（What）、方式（How）。草拟有关履行的条款时，应当尽可能将这些因素予以量化、具体化、明确化，一方面是为了方便当事人履行，另一方面也是为了更清楚地确认标的物权利和风险转移的时地分界点，进而还可能涉及诉讼管辖法院确定、诉讼时效计算等一系列法律问题的处理。

6. 违约责任

从某种意义上讲，无处罚即无法律，无违约责任即无合同。只有约定违约责任才能对当事人形成有效的约束。

一般情况下，违约责任应该和合同义务相对应，只要有义务，就要规定相应的违约责任；违反重要义务，违约责任应该较重。并且违约责任表述不可太笼统，最好是逐项规定各种违约责任。违约责任形式可以是支付违约金、警告、解除合同、赔偿损失、恢复原状或强制继续履行等等。

7. 解决争议的方法

对于合同争议解决的方式，理论上当事人有五种选择：协商、调解、行政处理、仲裁、诉讼；实际有意义的只有仲裁和诉讼。争议解决方式的选择法律上有强制性规定的，一定要按照规定执行，以免选择无效。如合同中约定发生争议当事人可以选择仲裁或者诉讼的，这种约定就是无效的。

此外，合同中还可以约定仲裁机构或诉讼法院，并且这往往也是谈判中争夺的焦点之一，最后的方案主要取决于当事人的实力对比。

最后还要强调三点：(1) 上述种种只是合同起草需要注意的主要的、基本的问题，但不是全部，还有很多细节需要我们在实践中继续学习积累。(2) 上述种种只是从一般意义上的讨论，实践中起草合同的主条款内容和架构应根据交易内容和当事人协商一致的意思确定。例如，我们说违约责任应是合同必备要素，但有时当事人可能基于种种考虑，就是不愿明确违约责任，作为起草合同的法务人员有提醒的义务但不能越俎代庖。(3) 合同起草是起草人与谈判人员，特别是谈判决策者反复沟通交流的过程，起草者切忌自以为是、想当然地闭门造车。

步骤3　履行内部审核批准程序

合同完稿后，根据各个企业不同的合同管理制度和合同谈判授权，分别做出不同的处理，有时可能当场就签字成立生效了，也有些需要履行企业内部的审核批准程序才能签署。若属后者，合同谈判人员和法务人员必须严格执行本企业相关规定，将合同文本提交制度规定的相关人员审批。

下面是一家公司合同会签单，从中也能看到该公司合同审核批准的一般操作规程，可以作为我们学习参考。

合同会签单

合同名称			合同编号	
经办部门：		经办人：	部门负责人：	
合同内容：				
部门意见：		签名：		日期：
分管副总审批：		签名：		日期：
法务部意见：		签名：		日期：
总经理审批：		签名：		日期：
董事长审批：		签名：		日期：

步骤 4　做好完稿后续工作

《合同法》规定书面合同经签字或盖章后成立生效，所以合同的签字或盖章是有法律意义的程序，马虎不得。

签字或盖章的流程由当事人协商，可以双方同时进行，也可以一方先签另一方后签，但后签一方存在对方毁约的风险。

至于究竟是签字还是盖章，根据当事人情况而定，一般自然人只签字，经济组织性质的主体则既盖章又由法定代表人和代理人签字为妥。同时还要签上时间、地点。

签字页一般在合同最后，但要与合同正文紧密相连。为了防止某一方在合同签署后增删页数，最好在每一页都签字或盖章。

步骤 5　归档保存

这项工作很简单，只是举手之劳，但却常被忽视。实践中合同发生争议打起官司，却发现合同原件不翼而飞而导致官司败诉的事情并不少见，所以对此绝不能马虎。

如果有可能的话，企业至少要保存两份合同原件，档案室和法务各保存一份。日常使用合同复印件即可。

工作任务二　监控合同的履行

签订合同就是为了履行合同（当事人存心诈欺的除外），但签订合同不会必然导致合同履行。由于合同签订前后客观和主观情况的不断变化，合同不能或没有履行是很平常的事情，对此没有什么可怕的；可怕的是遇到这种情况没有准备，没有对策，任由损失造成和扩大，那样的话，法务人员及其他相关人员就难辞其咎了。所以，监控合同履行，及时发现问题并采取应对之策也是法务人员的重要职责。

由于现实中合同千差万别，合同履行也是千变万化，合同履行过程中出现的情况和问题更是复杂多样，因此，合同履行监控非常复杂，这里不可能面面俱到，只能针对常见情形，介绍需要做的工作。

步骤1　监控己方的合同履行

在正常情况下，合同成立生效后，企业应当按照约定全面履行自己的义务，不仅要严格履行合同规定的主义务，而且应当遵循诚实信用原则，根据合同的性质、目的和交易习惯履行通知、协助、保密等附随义务；不仅要履行合同规定的实体性义务，而且要严格遵循合同中有关履行的程序、手续的规定。

由于合同各项义务需要企业各部门，如生产部门、财务部门、购销部门等，相互协调、共同配合完成，因此，企业内部应该建立合同履行信息流淌顺畅的机制。法务人员在这个机制中的主要职责是进行监督检查，及时发现问题，并给予纠正或反馈给企业领导处理。

在非正常情况下，由于某些客观或主观原因，企业不能或不愿履行合同了，此时，法务人员就要积极采取对策，根据法律的规定减免己方的责任和损失。

例如，企业主动违约时，企业法务人员就要出谋划策，寻找一些合适的理由，说明按照原合同继续履行的困难，以期望与对方协议解除合同；或者寻找对方先行违约的证据以获得合同解除权。不过，需要小心的是，这些对策必须有效且不能给企业带来新的法律风险。当确实寻找不到合适理由时，就要想办法与对方协商减免相应的责任。

又如出现不可抗情形导致企业不能履行合同时，法务人员就要根据《合同法》的相关规定，及时由自己或督促业务部门以适当方式通知对方，从而免除己方的责任。

步骤2　监控对方的合同履行

这里虽然使用了与步骤1一样的"监控"字眼，但含义不一样。这里监视的是对方的履约行为，控制的是我方的相应对策。对方的行为实际上很难控制。

监视对方履约行为主要要注意三种情况：

一是对对方不符合合同约定但尚未构成根本性的违约的行为应及时提出

异议，督促对方按照合同全面准确地履行，并注意收集保存好相关证据。

二是对对方可能会导致合同变更的行为或要求应及时分析评估，采取相应对策。例如一个买卖合同履行过程中，买方电话通知卖方将标的物交付给第三方。卖方若无风险意识按照电话要求交付的话，一旦买方耍赖否认有此电话，卖方将陷尴尬境地。在此情况下一般就应该要求买方出具书面交付指示。

三是要注意对方可能的根本性违约行为，及时采取对策。当出现对方违约的情况时，企业能够做的就是及时采取恰当的补救措施避免因此产生损害或损害进一步扩大，同时积极行使法定或约定的权利，固定相关证据，以便将来追究对方相应的责任。若因没有规范行使权利导致权利消灭，或者没有取得有利证据，或者因自己不慎导致承认对方的行为，都将给企业带来难以弥补的法律风险。例如，在一个我方为先履行对方为后履行的合同中，如果有确切证据证明对方有经营状况恶化、转移财产、抽逃资金以逃避债务、丧失商业信誉以及有丧失或者可能丧失履行债务能力等情形的，就要及时中止我方的履行，并通知对方，要求提供担保。中止履行后，对方在合理期限内未恢复履行能力并且未提供担保的，我方可以解除合同。

监视对方的工作由谁来做？一般应要求所有与对方打交道的员工都有这个责任，主要的责任人应是负责跟踪合同履行的营销部门业务员。法务人员应该既通过适当途径直接调查了解对方情况，又在更多时候是通过业务员们了解情况。这样，在企业内部有必要建立一个定期或不定期的情报信息交流机制，及时发现问题，及时采取对策。

步骤3 收集保存履行的证据

收集保存证据既是监控合同履行工作中一项重要内容，也是法务人员永恒的工作主题。

证据在履行过程中形成，也要在履行过程中及时收集；履行有我方履行和对方履行，证据也包括双方履行证据。合同履行完毕后，应及时将证据整理归档，并至少保存两年。

证据收集方法与一般民事诉讼证据收集方法基本一致，主要有：

（1）在书面文件中让对方签字。这是最常规的方式。比如让对方在收货单、结算单上让对方签字或盖章。但是有些情况下，对方不一定会配合，比如，对方送来的货物质量或数量经过验收没达到合同要求，这个时候让对方签字，对方如果很狡猾，或者另有企图，就不一定会签字。这个时候就得考虑采用一些非常规的证据收集方式。

（2）挂号邮寄有关文件。送交给对方的文件一定要采取挂号信或者特快专递，并将邮局的回执和文件复印件保存好。在诉讼中这些证据一般都能得到法院采信。

（3）秘密录音。如果对方是自然人，可以采取这个方法收集证据；但若对方是企业，这个方法不一定管用，因为通话人的身份很难认定。

（4）公证有关文件。这个是最牢靠的证据取得方法。比如在对方不配合己方履行的情况下，就可以采取公证提存的方式。

法律法规指引

1.《合同法》（全国人民代表大会）

2.《物权法》（全国人民代表大会）

3.《关于适用〈中华人民共和国合同法〉若干问题的解释（一）（二）》（最高人民法院）

模拟训练

【示例1】学习掌握合同谈判前期的市场调研

【案情简介】 单元一"示例1"成立的杭州奇威特玻璃有限公司现在主要生产冰箱、冷柜、淋浴房、家具用钢化玻璃。创业之初，打开产品市场为第一要务，因此，公司总经理经初步调研，决定带领一个包括法务人员的团队到一些冰箱生产企业去推销宣传。法务人员行前需要做好与本次谈判有关的调查工作，必要时还应写出书面报告提交给公司领导。

【问题与提示】

1. 弄清这些商品的市场情况，主要是同类产品的市场情况。
2. 弄清本企业产品的情况，特别是其特点和优点所在。
3. 弄清准备推销对象的相关情况。
4. 选择适当的调研方法和途径。

【示例2】学习掌握合同的审查

【案情简介】 下面是单元一"示例1"成立的杭州奇威特玻璃有限公司购置生产设备时，业务人员与某厂家草签的一份合同，试从购买方杭州奇威特玻璃有限公司角度对其进行审查并修改之。

订 货 合 同

甲方：杭州奇威特玻璃有限公司

乙方：芜湖市×××有限公司

根据《中华人民共和国合同法》及我国相关法律法规,为保护甲、乙双方的合法权益,经双方充分友好协商,现就甲方购买乙方的CNC-×××全自动玻璃切割机流水线达成以下合同条款:

一、产品名称

名 称	型号规格	单位	数量	单价	合计
全自动单向单工位玻璃上片台	CNC-×××	台	1	×万	
全自动数控玻璃切割机	CNC-×××	台	1	×万	
气垫玻璃开片台	QZ-×××	台	1	×万	
合计人民币:			¥×元整		

二、付款方式

1. 首付定金为货款的50%,即×××元整,定金支付后合同生效;
2. 合同生效后两个月内付30%货款,即×××元整;
3. 提货时付10%,即×××万元整;
4. 安装调试合格后一周内付货款的10%,即×××元整。

三、物品的质量技术标准和权利保证

乙方提供的设备质量技术标准符合国家法律法规规定的标准。

四、合同产品的交付

1. 交货时间:合同正式生效后60天内交货;
2. 交货地点:甲方所在地;
3. 交货方式:现场交接,设备的运输费、运输保险费由卖方负责支付,买方先行垫付,据实结算。

五、验收

1. 设备初验:乙方将合同约定设备运至交货地点后,由甲方进行表面验收。初次验收合格后双方办理交接手续。
2. 设备的安装调试由乙方负责,甲方协助。乙方的安装调试人员差旅费、补贴由甲方承担。
3. 安装调试期限为设备到达甲方所在地一周内。安装调试完成后双方进行交接,甲方验收合格后应当出具验收报告。
4. 乙方负责免费对甲方工作人员进行操作培训等工作,直至该设备可以正常使用。

六、乙方售后服务

1. 设备免费保修期为1年,自设备安装调试完毕之日起计算。
2. 乙方免费保修服务响应时间为自接到甲方通知起七日内,维护人员到达甲方设备现场。

七、违约责任

1. 乙方不能交货的,按照定金规则赔偿损失。

2. 乙方逾期交货的,或逾期安装调试完毕的,按全部货款计算,向甲方偿付每日5‰的违约金。

3. 甲方不按照合同约定时间付款的,应按照逾期付款部分每日5‰的比例向乙方偿付违约金。

4. 甲方违反合同规定拒绝接货的,应当承担由此对乙方造成的损失。

九、不可抗力

甲乙双方任何一方由于不可抗力原因不能履行合同时,应及时向对方通报不能履行或不能完全履行的理由,以减轻可能给对方造成的损失,允许延期履行、部分履行或不履行合同,并根据情况可部分或全部免予承担违约责任。不可抗力事由由双方协商确认。

十、争议的解决

执行本合同发生纠纷,当事人双方应当及时协商解决,协商不成时,双方可向法院提起诉讼或者申请仲裁。

十一、本合同变更修改应以书面形式进行。

十二、本合同及附件一式二份,甲方、乙方各执一份。双方确认签字盖章即生效。

供方:××××××	需方:××××××
地址:××××××	地址:××××××
供方代表:×××　138×××5500	需方代表:×××　136×××5599
电话:0××2-40××67	电话:0××1-40××88
传真:0××2-40××87	传真:0××1-40××66
开户行:建行×××支行	开户行:工行×××支行
账号:340×××××80	账号:580×××××86
税号:34××××××15	税号:64××××××18
日期:　年　月　日	日期:　年　月　日

附录:

1. 设备技术合同书
2. 设备备件清单
3. 售后技术服务合同书

【问题与提示】

1. 分析该合同缺少哪些要素,加以补充完善。

2. 审查哪些约定不够清楚或缺失，进一步明确。
3. 审查哪些语句或表述不够规范清楚，给予修改。
4. 审查哪些约定对买方不利，揭示其风险。
5. 审查哪些约定不符合法律规定，加以修改。

【示例3】学习掌握合同的审查

【案情简介】××灵动科技有限公司业务人员就本公司与××东江实业有限公司、××光华电器技术有限公司合作生产一种涉及专利技术的"自动消毒柜"拟订了一份协议，不知有何错误，想请人修订。

关于"自动消毒柜"的合作协议

甲方：××灵动科技有限公司
乙方：××东江实业有限公司
丙方：××光华电器技术有限公司

甲方拥有"自动消毒柜"专利生产技术（专利申请号：89340287.1），甲、乙、丙三方经友好协商，本着平等、自愿、有偿原则，就合作开发"自动消毒柜"的生产、经营事项达成下列协议。

一、专利的发明创造者张海系灵动公司职工，灵动公司拥有专利合法的生产经营权（专利申请号89340287.1）。灵动公司负责将该产品的全套技术（包括专利技术与非专利技术）投入生产，达到设计要求（附技术要求）。

二、本专利于1989年12月10日申请，专利号为SZ89340287.1，专利有效期为十五年。

三、张海和灵动科技有限公司保证在与其他方合作期间，不将其专利技术许可给第三方。对张海和灵动科技有限公司提供的新技术，东江实业有限公司和光华电器技术有限公司也无权转让。

四、协议涉及各方应保守专利技术秘密，否则，以侵权论处，由人民法院判决。

五、本次合作共投资100万元，灵动科技有限公司不投资，东江实业有限公司与光华电器技术有限公司投资50万元。如需增资，按股份比例增资。今后生产若资金不足，可以向外集资，股份重新决定。

六、合作股份分配如下：灵动科技有限公司50%；东江实业有限公司25%；光华电器技术有限公司25%。经营盈利提取50%后，按照股份比例分配。

七、聘请张海任生产经营总负责，负责生产技术质量问题。工资福利待遇按公司标准执行。若不能胜任，有权解聘。

八、专利使用费不能在专利申请期间还是专利被批准后，统一按利润的10%提取。

九、合作各方应按照诚实信用原则履行各自义务，享受各自权利。合作期间若发生纠纷，原则上应友好协商解决。协商不成的，可通过仲裁或向人民法院起诉。

十、本合同一式三份，各方各持一份，具有同等法律效力。

甲方（签名或盖章）：

乙方（签名或盖章）：

丙方（签名或盖章）：

【问题与提示】
1. 分析本协议标的究竟是什么，确定合同采取什么框架结构。
2. 分别分析其中违反《专利法》、《合同法》、《公司法》的内容，加以修改。
3. 语句有哪些模糊、矛盾之处，给予更准确、清楚的表达。
4. 分析该合同缺少哪些要素，加以补充完善。

附录

工业品买卖合同

合同编号：20060723c010

签订地点：杭州市江干区×××123号
卖方：江苏幸福纸业有限公司
买方：杭州红豆食品有限公司

兹经双方平等、友好协商，特就买方购入卖方生产的瓦楞纸箱订立本合同，以便共同遵守。

一、品名、规格、单价、数量及品质要求：

学习单元三　企业合同管理法律事务处理

品名	牌号 商标	规格 （等级、克重及纸幅）	单价 （元）	计量 单位	数量	品质要求
瓦楞纸箱	幸福	112.0±6.0 160.0±8.0（g/m²）	以买方《瓦楞纸箱订购单》 为准			A

说明：

（1）以上内容以杭州红豆食品有限公司之《瓦楞纸箱订购单》为准。《订购单》通知采取电传形式，传真号码为：0571-88888888。

（2）瓦楞纸箱单价为含税（17％）单价。如卖方提出价格上涨，需提前10天以上书面通知买方，双方协商解决。

（3）《瓦楞纸箱订购单》之数量允许10％溢短装；卖方在收到买方《瓦楞纸箱订购单》后24小时内应予以确认回传，否则视为卖方已确认接单；如买方实际需求数量增加，卖方应积极配合及时到货，但买方需提供合理的时间以便卖方备货。

（4）卖方送货时应附上送货明细和出厂检验报告。

二、交货日期、地点、方式：

2.1　交货日期以买方《瓦楞纸箱订购单》为准。

2.2　交货地点为买方原纸仓库，经买方书面签署收货文件后视为实际交付。

2.3　交货方式为卖方负责将原纸安全运送到交货地点，并承担相关费用。

2.4　运输方式：汽运□　船运□　海陆联运□　铁运□

三、质量标准：

按照国家标准 GB/T6543-2008《运输包装用单瓦楞纸箱和双瓦楞纸箱》执行。

四、货物验收：

4.1　质量检验：按照国家标准 SN/T 0262-1993《出口商品运输包装瓦楞纸箱检验规程》执行。

4.2　数量验收：以买方过磅为准。

（1）磅单重量≥送货单重量，以送货单重量验收；

　　　磅单重量＜送货单重量，以磅单重量验收。

（2）原料破损，应扣除破损重量，计算公式：

$$破损扣重(kg) = 3.14 \times 卷径(m) \times 纸幅(m) \times 克重(kg/cm^2) \times 破损层数$$

（3）$$纸幅超标扣重(kg) = \frac{实测纸幅 - 标准纸幅}{标准纸幅} \times 进货数量(kg)$$

（4）交期要求：出卖方按买受方的交货计划执行，未按计划交货导致买受方停产、替代的损失由供方承担。

（5）卖方如对以上有异议，送货人员应当即提出，由双方协商处理；对于隔天提出之异议，买方将不再受理，以送货当日送货人员签认之单据验收结算。

五、包装标准、包装物的供应与回收：

卖方负责包装，包装方式为卷筒，外附简易保护包装（瓦楞新纸外五层；挂面纸、白面纸外三层。外包装重量不计入原纸重量）。包装应达到内容物无损坏。包装物归属买方。

六、不合格品与争议处理方式：

6.1 不合格处理：

（1）进货检验：进货检验不合格应以退货为原则，若通过配置调整，可以经买方后加工进行矫正并能满足要求的，可作为特别采购，但应扣除不超过总价款的1%作为违约金。具体操作办法详见《原物料允收误差及处理办法》。

（2）使用不良：使用不良以退货为原则，若因原物料原因造成损失，应由卖方承担直接成本赔付。

6.2 异常争议处理：

（1）买方对标的物品质异议应于货到仓库3个工作日内以书面形式向卖方提出（如《不合格处理单》），卖方不同意买方品质异议的，自收到通知书起2个工作日内答复。过期不回复视为默认买方的认定及处理意见。

（2）品质异议期内买方应妥善保管原物料，卖方对买方检测结果有争议，应于收到书面通知3个工作日内到买方库房；双方共同取样、封样并送收货当地具检测资质的第三方检测单位检测；检测结果作为验收依据，由此产生的相关费用由过错方承担。

（3）若卖方拒不承认买方和第三方检测结果以及买方的处理意见，又不能在3日内补充买方所需良品，由此造成的停工、替代损失由卖方承担。

（4）买方在处理不合格产品时以《不合格处理单》形式作出，卖方赔付买方的损失均在货款中扣除。

七、货款结算方式、时间：

货到之日起30天买方以承兑汇票形式支付货款。

八、违约责任：

8.1 卖方未按买方要求交货。

如卖方未按买方《瓦楞纸箱订购单》之交货时间、规格、数量交货，及卖方交货时未按买方要求出具送货明细、出厂检验报告和其他书面事项，买方有权扣除当批货款的5%作为违约金，并从当期货款中扣除。同时卖方应承担由此产生的买方断料损失、替代损失及客户索赔。

如卖方因配车等原因需要增加买方《瓦楞纸箱订购单》要求以外的规格、数量的货物，请在装车前与买方采购部门沟通，经确认后方可将非需求规格、数量装出。未事先确认之增加的规格、数量的货物，买方有权退货或暂不入库并收取入库前的仓储费。

8.2 卖方对所供产品负责。

如存在品质问题，卖方应负责退、换货并承担由此发生的一切费用。经双方协商同意后，买方也可按自己的《原物料异常作业办法》及相关规定折价收货。如买方产品 RoHS 超标，卖方应全权承担由此产生的相关责任。

九、其他约定：

9.1 卖方应根据本合同规定的，或买方提供的、经双方技术单位签认的标准组织生产及供货。

9.2 买方有权在卖方生产协议产品时对生产流程、质量保证体系、产品质量进行监督和抽查，并有义务对卖方的生产工艺保密。

9.3 卖方有义务提供质量管理体系认证证书、监督检查报告（国家质检局检测报告）、法律法规要求的报告（如 RoHS 检测报告）。

十、不可抗力：

在合同履行期间，买卖双方的任何一方由于不可抗力的原因不能履行合同时，应在不可抗力发生之日起 3 日内书面通知对方，并在合理期限内提供有关机构证明，免除违约责任。

十一、合同变更、解除：

经双方协商一致，可以变更或解除本合同。提出变更、解除合同的一方应以书面形式通知另一方，另一方应在收到该书面通知起 3 个工作日内回复，否则视为默认。因一方违约造成合同变更、终止，给另一方造成损失的，应承担赔偿责任。

十二、争议解决：

因履行本合同产生的争议，双方友好协商解决。如协商不成，将争议提交买方所在地的法院解决，由此产生的一切费用（含诉讼费、检验鉴定费、调查费、律师费〈不超过诉讼标的 10%〉）由责任方承担。

十三、合同期限：

合同签订之日起两年。

十四、附件

14.1 上述条款提及之国家标准 GB/T6543-2008《运输包装用单瓦楞纸箱和双瓦楞纸箱》、国家标准 SN/T0262-1993《出口商品运输包装瓦楞纸箱检验规程》、《原物料允收误差及处理办法》、《原物料异常作业办法》等相关文件作为本合同附件，具有同等法律效力。

14.2 买方《原纸订购单》及相关的书面通知作为本合同附件，具有同等法律效力。

14.3 本合同未尽事宜由双方协商解决或另立合同附件。

十五、本合同一式两份，买卖双方各执一份，经双方盖章后生效。

出卖人（章）	买受人（章）
住所：	住所：
法定代表人：	法定代表人：
委托代理人：	委托代理人：
电话：	电话：
传真：	传真：
开户银行：	开户银行：
账号：	账号：
邮政编码：	邮政编码：
	签订时间：_____年_____月_____日

学习单元四　企业生产经营中的法律事务处理

学习目的与要求

了解参与安全生产管理工作和质量管理工作的主要内容和方法；掌握产品标识标注审查、广告审查、客户投诉处理的内容与方法。

学习重点与提示

企业安全生产管理制度；质量管理的主要要求；产品标识标注规定；广告审查内容；投诉处理步骤。

实践中，中小企业的业务类型和经营模式非常多样复杂，大致划分，就有生产型、贸易型、生产贸易型、加工代工型、服务型等，因此，各个企业的生产经营状况差异很大，对应的法律事务也是千差万别。为了行文的简洁、内容的精练典型，本单元只以生产贸易型企业为标本来介绍学习企业生产经营中涉及的法律事务处理。

企业的生产经营活动有广义与狭义之分。广义主要是指企业为实现经营目标，整合采购、生产、销售、人力、技术、财务等各种业务所进行的一系列管理、运营之活动的总称。狭义主要是指产品生产过程和销售过程中进行的一系列管理活动。为使本书结构紧凑完整、内容上避免与其他学习单元重叠，本单元采用狭义说介绍学习企业的生产经营活动中涉及的法律事务处理。其中与其他单元内容上有交叉重叠的工作，如招投标、购销合同的签订与审查、物流模式的选择等，予以忽略。

企业的日常生产经营中的法律事务主要涉及安全生产管理、产品与服务的质量管理、销售策略措施管理，企业法务工作人员主要应根据所在企业的业务特点做好相关工作。

学习情境一　协助安全生产管理

工作任务一　协助安全生产管理制度的制定与执行

《中华人民共和国安全生产法》第4条规定："生产经营单位必须遵守本

法和其他有关安全生产的法律、法规,加强安全生产管理,建立、健全安全生产责任制度,完善安全生产条件,确保安全生产。"由此可知,不管一个企业多么特殊,安全生产都是所有企业基本的、普遍的责任。

企业的安全生产工作可以说是千头万绪,但其中核心的或者说纲领性的工作还是制定并执行安全生产管理责任制度。安全生产管理制度的基本制定程序是专门的安全管理部门或者生产管理部门会同有关部门在调研本企业相关生产情况前提下,主持起草制度草案,再交由企业的权力机构(董事会)审批,最后由企业负责人予以签核后公布施行。法务人员在其中也担当着重要职责,主要是参与审查相关安全生产管理制度,使其既要符合国家安全生产法的强制性要求,又要保证其符合本企业的安全管理的实际需要,具有可执行性及成本合理性。为此,法务人员应注意做好下列各项工作:

步骤1 调研企业安全生产经营状况

可以从以下途径入手进行这项工作:

(1)走访企业的主要生产经营部门,了解本企业生产经营的基本流程,作业的基本环节,技术的基本特点,确定有安全隐患的工种、岗位及其防护措施。

(2)深入现场,察看安全生产经营设施与劳动保护的基本情况,重点了解生产流水线、机械设备、电源电器设施的工作原理及其危险所在;了解有危险性的,如易燃、易爆、剧毒、放射性的原材料、半成品、成品的运进、生产、仓储、保管、运出流程及危害防范处理情况。

(3)察看企业食堂与饮用水源、建筑物与构筑物危险部位的警示标志设置以及安全防范措施、防盗报警监控设施与保安管理制度等。

通过以上调研,从设备设施等的硬件和管理制度措施的软件两方面综合分析,确定危险源,发现工作上的不足,思考制定或改善管理方案。

步骤2 参与安全生产管理制度草案起草

一般来说,企业的安全生产管理制度主要包括:安全生产责任制度、安全生产设备管理制度、安全生产操作规程、生产安全事故应急预案制度、员工安全生产的教育与培训制度等。

这些制度制定的过程大致是:安全主管部门先制定草案,再通过召开相关部门参加的会议形式听取意见,进行修改完善,然后将定稿的安全管理制度提请董事会予以表决通过,由法定代表人或经营负责人核准公布后生效执行。

在制度制定过程中,安全主管部门、生产部门、技术部门等业务部门可能更多地关注制度技术层面的问题,法务人员则应更多地依据国家安全法律法规、产业政策等提出自己的意见,特别要强调遵守法律强制性规定。

步骤3 督促安全生产管理制度的执行

安全生产管理制度虽然是一项利企利民(员工)的制度,但实际执行起来，对于执行人来说则是任务，一定意义上也是负担，所以制度制定并不意味着制度一定能自动得到执行，需要有相应的监督机制。为此，企业领导层和相关管理部门应担当主要监督职责，法务人员也应积极主动地予以协助，提醒、提示做好相关工作：

（1）将安全生产管理制度内容细化，落实到具体的岗位、人员，并定期检查，及时反馈落实情况，注意改进与提高。

（2）特别要注意检查并提醒涉及生命安全、危险性较大的特种设备及其容器、运输工具的例行专业机构检测工作及维修工作。

（3）协助相关部门加强员工的安全生产教育与安全操作训练，培养员工的安全生产意识和安全操作技能。

工作任务二 协助生产经营中安全事故的处理

企业生产经营中的安全事故主要有工伤事故、食物中毒、消防事故、交通事故、失窃事故等。这些事故发生在企业的生产经营过程中，涉及现场搜救、原因分析、侵权索赔、行政责任追究等法律事务的处理。

步骤1 协助事故现场处置

发生安全事故以后，应立即启动安全应急预案措施，报告相关公司领导，并采取抢救人员、减损财产损失的各项措施，以及医疗急救、火警、匪警处理措施。其中，在出现死亡事故时还要向上级行政主管部门报告。

步骤2 协助事故的善后

企业法务人员应注意收集保留好安全事故的相关证据，配合协调好与公安消防、医疗、保险理赔机构、事故调查组及公司管理层的联络与协调工作，在事故认定、行政和刑事责任追究、民事赔偿、保险理赔、劳动争议等工作中既要维护企业的合法利益又要兼顾受害者的合法利益，做到既降低企业的经济损失又要兼顾企业的社会责任。

步骤3 参与安全管理措施的完善

安全事故处理完毕以后，应根据事故发生的原因，总结相关经验教训，改善相关安全管理措施和制度，减少、杜绝类似事故的再次发生。

一般性的安全生产管理措施很多，企业应根据本企业的生产特点选择采用。法务人员应根据自己对本企业的了解提出有针对性的意见。如：

（1）对于高空、高温、高压、高速、有毒有害、危险作业、野外水上作业等危险工种及岗位补缴商业团体保险，费用可由企业独出或与职工分摊，以增加意外事故的赔偿途径。

（2）采取机械自动设备代替危险工种岗位。

(3) 部分工作岗位采取劳动派遣、临时用工的形式。
(4) 物业管理采取服务外包形式。
(5) 加强消防安全检查及设备改进。
(6) 加强保安及门禁管理措施，添置监控设施，减少盗窃及治安事故。
(7) 定期为职工体检，采取措施消除，减少职业病风险。
(8) 发放、配备必要的劳动防护用品，设立专项的安全生产管理经费等等。

学习情境二　参与企业的产品质量管理

所谓产品质量管理，是指企业在生产经营过程中采取技术性、制度性的各种措施，使产品的性能、结构、成分、外观、包装等能够具备其通常应有功能、符合消费者的相应需求并不存在危及人身、财产、环境等方面安全因素的合格产品。产品质量风险是指当产品因自身的缺陷、瑕疵或者其他产品特征未能满足产品使用地国家的相关法律法规政策、质量标准以及合同对产品的适用性、安全性和其他特性的要求时，产品生产者、销售者或其他责任者所可能承担的不利法律后果。企业法务工作者应该仔细研究国家相关产品质量的法律法规，结合本企业的生产经营特点，利用相关专业知识，参与本企业的产品质量改善、提升工作，争创名优品牌。

工作任务一　协助质量管理制度的制定与执行

步骤1　调研企业质量管理状况

首先，企业法务人员应该熟练掌握、密切跟踪与本企业产品有关的质量法律法规及产业政策，特别是要熟悉了解与本企业产品有关的国家标准、行业标准、地方标准的情况，弄清楚这些标准中哪些是强制性标准，哪些是推荐性标准，并推动企业按照相应的规定执行。如果企业生产的产品没有国家标准和行业标准的，应提醒企业相关业务部门制定企业标准，作为组织生产的依据，并报当地政府标准化行政主管部门和有关行政主管部门备案。

其次，法务人员应调研本企业产品质量状况，了解原材料选购、检测、进货检查，生产工艺与方法、质量流程控制及其措施，产品出货检验、包装与标识等方面的情况，找到质量管理可能存在的风险点及瑕疵的源头，予以分析记录，提出自己的建议。

步骤2　参加质量管理制度的制定和完善

企业产品质量管理制度是由质量管理部门、生产部门、技术部门具体负责制定和完善，法务人员一般是参与，当然，应该是积极地参与其中。

为此，法务人员应根据自己调研掌握的情况，经常与品质管理部门、生产部门、技术部门采取会议检讨等形式的沟通交流，就缺少的质量管理制度的制定和已有但有缺陷的质量管理制度的完善提出自己深思熟虑的建议。如企业的产品质量控制与管理制度，应包括进货检查、生产工艺及流程控制、产品抽样检查化验、计量标准化、产品储存包装运输等各个环节上的制度，制度的内容应该完整、合规、标准、可操作，并与岗位考核和责任紧密联系。

制度草案制定完成后，还要提请企业董事会予以表决通过，企业负责人予以签署生效执行。

步骤3　协助质量管理制度的执行

企业质量日常性管理是由生产部门、技术部门和专门的质量管理部门负责的，法务人员的协助工作主要是就其过程中涉及的法律问题答疑解惑，就发现的执行中的问题进行反馈，提出改进意见，等等。

工作任务二　协助质量认证工作

企业质量认证是指由国家认可的认证机构依据规定的标准和技术要求，按照规定的程序，对企业的产品、服务、管理体系进行审查和验证，证明其符合相关技术规范、相关技术规范的强制性要求或标准的合格评定活动，评定结果是颁发认证证书和认证标志。

认证按强制程度分为自愿性认证和强制性认证两种，按认证对象分为体系认证和产品认证。

强制性认证包括中国强制性产品认证（CCC）和官方认证。CCC认证是中国国家强制要求的对在中国大陆市场销售的产品实行的一种认证制度，凡列入强制性产品认证目录内的产品，必须经国家指定的认证机构认证合格，取得相关证书并加施认证标志后，方能出厂、进口、销售和在经营服务场所使用。目前，中国公布的首批必须通过强制性认证的产品共有19大类132种。主要包括电线电缆、低压电器、信息技术设备、安全玻璃、消防产品、机动车辆轮胎、乳胶制品等。官方认证即市场准入性的行政许可，是行政主管机关依法对列入行政许可目录的项目所实施的许可管理。凡是需经官方认证的项目，必须获得行政许可方可准予生产、经营、仓储或销售。食品质量安全（QS）认证和药品生产质量管理规范（GMP）认证均属于官方认证。

自愿性认证，是企业根据本身需要或其顾客、相关方的要求自愿申请的认证。自愿性认证多是管理体系认证，也包括企业对未列入CCC认证目录的产品所申请的认证。目前，我国自愿性管理体系认证主要有：

(1) 质量管理体系认证,依据 GB/T19001-2008（等同于 ISO9001：2008）。

(2) 环境管理体系认证,依据 GB/T24001-2004（等同于 ISO14001：2004）。

(3) 职业健康安全管理体系认证,依据 GB/T28001-2001（相当于 OHSAS18001：1999）。

(4) 食品安全管理体系认证,依据 GB/T22000-2006（等同于 ISO22000：2005）。

进行质量认证是企业提高质量管理水平和产品市场信誉,增强市场竞争力的助推器,实践中为很多企业所热心,法务人员也应积极参与协助做好相应工作。

步骤1　协助确定质量认证申请方案

企业对自己的产品、服务、管理体系是否申请质量认证、申请什么质量认证、如何申请等一系列事项的决策应基于法律的相关规定和业务特点,同时还要考虑企业发展战略和业务的商业前景等多方面因素进行衡量确定。决策的主体一般是企业领导层,法务人员主要任务是提供参谋咨询意见,特别是要准确解答法律上的规定要求。

步骤2　协助确定适格的认证机构

认证机构根据认证类型确定。官方认证只能由法律法规规定的认证机构进行认证。例如,QS 认证机构根据产品的不同分别为国家质量技术监督局和省级质量技术监督局,市（地）级质量技术监督部门和县级质量技术监督部门只是负责申请材料的初审。其中,最终审批批权在国家质监总局,其他三机构只具备检测、监督、上报申请和通报结果的权限。

强制性产品认证的认证机构为国务院认证认可监督管理部门指定的认证机构,在这些认证机构中,申请的企业可以选择委托。

自愿性认证的认证机构可以由申请企业自愿、自行选择委托,这与聘请律师、会计师等社会中介服务是一样的。不过,认证机构应经国务院认证认可监督管理部门的行政许可,取得认证资格,并只能在批准的业务范围内从事认证活动。

认证过程中,企业要进行质量管理建设,准备相关资料,筹划认证方案,这些工作可以委托一定的专业代理中介机构进行,或者也可由企业自行完成。无论是选择确定认证机构还是选择中介机构进行认证准备工作,都是商业交易,一般要协商谈判,签订合同,其中少不了法务人员的工作,但这种合同的谈判签订与一般合同相应工作大同小异,所以这里不作展开介绍。

如果企业自己进行认证准备工作,承办人员一定要细细研读该种认证的技术及其相关资料、手续要求,严格、精心准备。

步骤3　协助质量认证取得后续工作

质量认证不是一劳永逸的,而是有一个有效期。在这期间,企业要注意做好很多后续工作,主要有:一是接受认证机构的监督检查,有些认证还要年检。这项工作与行政许可后续工作有些类似,这里也就不作展开介绍。

二是保持认证所要求的质量管理水平和产品质量水平。这项工作应与日常质量管理工作结合起来。

三是开发认证价值,推进产品品牌建设及收益转化。如借助认证申请某些荣誉称号,将认证运用于广告、宣传中,等等。

工作任务三　规范产品标识标注

产品标识是指用于识别产品及其质量、数量、特征、特性、使用方法所做的各种标示的统称。产品标识可以用文字、符号、数字、图案以及其他说明物等表示。产品标识具有多重法律意义,一方面,产品标识及其包装主要传递着产品质量的信息,其规范要求是产品质量法的强制性规定,是企业产品质量管理的延伸;另一方面,产品标识的表达具有知识产权中的著作权价值,上面的画面设计凝聚着企业的智慧;再一方面,产品标识有一定的广告效用,涉及市场正当竞争问题,所以,法务人员应该主要根据《产品质量法》和国家质量技术监督局制定的《产品标识标注规定》,同时还要依据其他的相关法律法规的规定,关注本企业产品标识标注的合规合法。

步骤1　审查产品标识的标注方式合规性

《产品标识标注规定》对标注方式作了原则性规定,企业应该结合自己产品特点规范选择标注方式。

步骤2　审查产品标识表达形式合规性

产品在中国市场销售,标识当然要让中国的消费者看懂,所以,标识的表达应当依法规范。如,标识的文字应主要是规范中文,但也可以同时使用汉语拼音或者外文,汉语拼音和外文应当小于相应中文;产品标识使用的汉字、数字和字母,其字体高度不得小于1.8毫米;等等。

步骤3　审查标识内容的合规性

标识内容的合规性的基本要求是完整、真实。

"完整"是指《产品标识标注规定》要求包含的内容都要具备。分三种情况:一是所有产品都必须标识的内容。如,产品名称、质量标准、生产者的名称和地址,等等。二是根据产品的特点和使用要求需要标明的内容。如,产品的规格、等级、数量、净含量、所含主要成分的名称和含量、生产日期和安全使用期或者失效日期，等等。三是某些产品特有的内容。如，质量认证标志、名优称号，等等。

"真实"就无须多作解释，就是要客观真实，不得弄虚作假。这是对所有内容的要求。

法务人员在审查或者协助业务部门制作产品标识标注时，一方面要注意研究法律法规的相关规定，特别是《产品标识标注规定》；另一方面要研究弄清本企业产品的相关情况，两相对照，确定最后的方案。

学习情境三　企业销售经营中的法律事务处理

企业销售经营中的法律事务主要是对产品市场销售活动过程中的促销、宣传、定价、竞争策略、买卖合同的签订及履行、客户质量投诉、争议纠纷的处理等事务依法规范应对。由于这些事务非常庞杂，其中的合同签订、争议的诉讼还与其他单元内容交叉重复，为学习的方便，这里只选取有代表性的广告促销、客户投诉涉及的法律事务进行介绍学习。

另外，规范企业经营行为，防止不正当竞争也是法务人员需要始终关注的问题，但是，这一工作是渗透糅合在其他工作之中的，所以，这里没有将其分拆独立出来介绍学习。如在企业的产品标识标注、知识产权运用、广告宣传促销等一系列经营活动，都要注意遵循商业道德，尊重其他经营者合法权益，防止不正当竞争，维护社会经济秩序。

工作任务一　产品广告促销中法律事务处理

在市场经济环境下，尤其在我国现今买方市场已经形成的环境下，大多数企业面临的最大问题是如何将产品销售出去，为此，营销筹划及其实施占用着企业越来越多的精力，营销手段的创新消耗着越来越多的企业智力。在这诸多花样翻新、眼花缭乱的营销手段中，广告促销无疑是最基本、最常见、最典型的手段，而且由于广告活动对社会影响甚大，所以为法律所特别关注，其中需要法务人员劳心劳力审查把关的事项自然不少。

步骤1　审查广告方案

广告促销宣传方案涉及广告的方式、媒介、内容等诸多事项，调整这些事项的法律法规多而复杂（就法律渊源来说，除基本的《广告法》外，还有大量的国家工商局制定的部门规章规定；就规范类型来说，有禁止性规范，有义务性规范，还有授权性规范，等等）。法务人员无论是参与广告方案制定或者仅仅审查广告方案，一定要在全面准确掌握有关广告的法律法规基础上，正确分析广告方案中拟采取的各种做法的性质，进而确认方案是否合法合规。例如，《广告法》第 7 条规定，广告用语不得"使用国家级、最高级、最佳等用语"。现有一家茶叶公司销售部门拟在茶叶包装上印上"极品龙井"或者"精品龙井"字样，法务审查首先就要分析"极品"或者"精品"属不属于"国家级、最高级、最佳等用语"，最后才能得出是否合法合规的结论。

步骤 2　选择适格的广告制作经营者和广告发布者

广告的设计、制作、发布可以由企业自己进行，也可以委托他人进行。如果委托他人进行，则受托人一定要有经行政许可获得的相应广告经营资格。并且"设计"、"制作"、"发布"不是一体的，也就是说，有"设计"资格不一定有"发布"资格，有"发布"资格不一定有"制作"资格。因此，如果委托他人进行广告的设计、制作、发布，一定要仔细审查其经营资格，以免产生不必要的麻烦。

至于委托他人需要约定彼此之间的权利义务与一般合同谈判大同小异，所以这里不作展开论述。

步骤 3　办理行政审查手续

无论是自己还是委托他人利用公共媒介发布广告，有些产品和有些内容的广告需要事先申报有关机关审查。法务人员对究竟哪些广告需要提交审查应了然于胸，对其中手续的办理也应十分熟悉。

例如，户外广告一般由县区级工商局审批，需在发布 30 日以前提出，并要填写《户外广告登记申请表》并提交以下证明文件：

（1）营业执照及其复印件；

（2）广告经营许可证；

（3）广告合同；

（4）场地使用协议；

（5）广告设置地点，依法律、法规需经政府有关部门批准的，应当提交有关部门出具的批准文件；

（6）政府有关部门对发布广告信息的批准文件。

工商部门经审查符合规定的核发《户外广告登记证》，并由登记机关建立户外广告登记档案。

工作任务二　参与客户投诉处理

企业生产经营中遇到的各种投诉，特别是质量投诉时有发生。一般是在产品已售出的情况下，客户或消费者直接向企业销售服务部门，或工商管理部门、消费者协会、产品质量监督部门甚至新闻媒体投诉或举报。对此，企业必须十分重视，妥善处理，绝不能让"三鹿"悲剧重演。

法务工作人员在参与此项工作时，一定要与相关部门密切配合，既要照顾到客户、消费者的合法利益，又要顾及企业的正当合法利益；既要依法办事，又要多从商业公关角度来考虑相关问题，综合根据消费者权益保护法、产品质量法、国家"三包"规定等有关法律法规，以及企业的售后服务承诺及保证加以妥善处理，消除矛盾，防止事态扩大。

其基本工作内容如下：

步骤1 查清相关事实

一般来说，首先要弄清楚投诉人的基本情况、投诉的事实情况、投诉要求；然后要集中主要精力调查投诉的事实以及事实细节与实际的情况是否相符。如究竟有无产品质量问题，是什么样的产品质量问题，是生产者问题、销售者问题、还是客户使用不当或已过使用期限问题、第三人侵权问题等等。

调查的方法有很多种，情况简单的，可以请相关技术人员直接根据经验判断；情况复杂的甚至要请专业鉴定机构鉴定。

步骤2 拟定合法合情合理的处理方案

根据调查确认的事实，如果确应归责于企业的，企业应义不容辞地承担相应的责任。责任的方式可以根据《产品质量法》、《消费者权益保护法》、合同约定、质保范围承诺确定，有时也需要根据人情事理确定，并应与投诉方协商达成一致，确实达不成一致的不妨通过司法途径解决。

方案的最后拍板应根据企业内部处理规程和权限确定。

步骤3 总结经验教训

对于投诉的处理不应就事论事，而应将其作为促进企业各项管理的机会，所以，对投诉处理完毕后，承办人应及时对发现的管理中的深层次问题进行总结，提交给相关部门或企业高层，以促进相关工作的改进。

法律法规指引

1. 《安全生产法》（全国人民代表大会常委会）
2. 《产品质量法》（全国人民代表大会常委会）
3. 《计量法》（全国人民代表大会常委会）
4. 《标准化法》（全国人民代表大会常委会）
5. 《广告法》（全国人民代表大会常委会）
6. 《消费者权益保护法》（全国人民代表大会常委会）
7. 《反不正当竞争法》（全国人民代表大会常委会）

8. 《标准化法实施条例》（国务院）
9. 《安全生产许可证条例》（国务院）
10. 《产品标识标注规定》（国家质量技术监督局）
11. 《强制性产品认证管理规定》、《强制性产品认证标志管理办法》、《中华人民共和国实施强制性产品认证的产品目录》（国家认证可监督管理委员会）

模拟训练

【示例1】学习掌握安全事故的处置方法

【案情简介】×年×月×日上午，某服装公司发生特大火灾事故，死亡14人，伤45人，直接经济损失达260余万元（时价）。

该公司厂房是一栋四层钢筋混凝土建筑。一楼成衣车间，内用木板和铁栅栏分隔出一个库房。库房内总电闸的保险丝用两根铜丝代替，穿出库房顶部并搭在铁栅栏上的电线没有用套管绝缘，下面堆放大量成品衣服和布料等易燃物。二楼是缝纫车间及办公室，一间厕所改作厨房，内放有两瓶液化气。三楼是裁剪车间。该厂实施封闭式管理。厂房内唯一的上下楼梯平台上还堆放杂物；楼下4个门，2个被封死，1个用铁栅栏与厂房隔开，只有1个供职工上下班进出，还要通过一条0.8米宽的通道打卡；全部窗户外都安装了铁栏杆加铁丝围护。

起火原因是库房内电线短路时产生的高温熔珠引燃堆在下面的易燃物所致。起火初期火势不大，有工人试图拧开消火栓和用灭火器灭火，但因不会操作未果。在一楼东南角敞开式货物提升机的烟囱效应作用下，火势迅速蔓延至楼上。一楼工人全部逃出。正在二楼办公的厂长不组织工人疏散，自顾逃命。二三楼约300多名工人，在无人指挥情况下慌乱逃生。由于要下楼梯、拐弯、再经打卡通道才能逃出厂房，路窄人多，浓烟烈火，致使人员中毒窒息，造成重大伤亡。

经调查确认以下事实：

（1）该厂雇用无证电工，长期超负荷用电，电线、电器安装不符合有关安全规定要求。

（2）厂方平时未对工人进行安全防火教育培训，发生火灾时，厂长未指挥工人撤离，自顾逃生。

（3）该厂多处违反消防安全规定。对于消防部门所发《火险整改通知书》，未认真整改，留下重大火灾隐患，以向整治小组个别成员行贿等手段取得整改合格证。

（4）该厂所在地镇政府对此完全了解，不但不督促整改，还由镇长授意给整治小组送钱说情。

【问题与提示】

1. 分析该次火灾的直接原因和根本原因。
2. 分析该次事故责任人及其责任。
3. 分析这次事故应该吸取的教训。
4. 分析该次事故伤亡工人后事处理方案。

【示例2】学习掌握安全生产管理制度的制定

【案情简介】 ×年×月×日，某黄酒酿造公司厂发生一起因工人严重违反操作规程和缺乏救助常识而导致8人中毒，其中4人死亡的重大伤害事故。

事故当日，该公司工人经过往酒窖池中灌水、排水的工序后，有2名工人下池清扫窖池，当即晕倒在池中。在场工人在没有通知厂领导的情况下，擅自下池救人，先后有4人因救人相继晕倒在池中，另有2人在救人过程中突感不适被人救出。至此，已有8人中毒。厂领导赶到后，立即组织抢救，经往池中灌氧、用风扇往池中送风后，方将中毒者全部用绳子拉出池来。由于本次中毒发生快，中毒深，病情严重，8例病人在送往医院后，已有6例心跳和呼吸停止，虽经多方努力抢救，仍有4人死亡。

【问题与提示】

1. 安全生产管理制度有哪些内容？
2. 分析该次事故反映了该公司安全生产管理制度有哪些欠缺，应采取哪些整改措施。

【示例3】学习了解企业质量管理中的法律事务处理

【案情简介】 单元一"示例1"成立的杭州奇威特玻璃有限公司董事会决定将公司的质量管理体系和有关产品进行质量认证。公司产品主要有：家电玻璃，冰箱玻璃，彩晶玻璃面板，高档建筑、艺术钢化玻璃，2mm半钢化，钢化镜，3mm全钢化，4mm全钢化，5mm全钢化。公司的品管部主持负责此项工作，法务人员给以协助。

【问题与提示】

1. 调研玻璃产品的质量标准体系，确认与本公司产品有关的质量标准内容及性质。

2. 调研与本公司业务和产品有关的、可以或必须申请的质量认证的要求及其性质。

3. 调查浙江省境内合格的认证机构，了解其认证的条件。

【示例4】学习掌握客户投诉的应对

【案情简介】某啤酒公司接到一个消费者带着一瓶已打开瓶盖的啤酒来投诉，声称其购买的啤酒里有杂质，喝过后身体有不舒服反应，要求该公司承担赔偿责任。公司品管部和法务接受处理该次投诉任务。

【问题与提示】

1. 分析处理此类事情的基本工作步骤。
2. 分析若投诉事实为真，从法律上讲，公司应如何承担责任。
3. 分析事件背后深层原因，提出促进企业管理的措施。

学习单元五　企业知识产权管理中的法律事务处理

学习目的与要求

通过本单元学习与训练，应了解企业知识产权战略制定的方法；知晓知识产权情报收集、运用的方法；能够分析各种知识产权保护策略利弊并作出适当选择；掌握获取和运用知识产权的相关工作方法，并能承办其中事务性工作。

学习重点与提示

知识产权情报收集方法；知识产权保护策略分析；知识产权获取程序；知识产权运用方式。

学习情境一　参与构建高效的企业知识产权管理机制

工作任务一　参与企业知识产权发展战略的制定、完善

企业知识产权发展战略是企业就如何依法获取、管理、运用、保护自主的知识产权，以遏制竞争对手，提高自己的核心竞争力，获取商业上的最大利益，实现企业发展愿景而做的知识产权发展整体规划和采取的实施策略与手段。其具体内容包括企业知识产权发展目标、实现目标的策略、机构设置和人员配备等等。在当今经济知识化和竞争国际化的背景下，知识产权已经成为比物质资产更为重要的资源，知识产权拥有的量和质直接关系到企业乃至国家的竞争力和命运。企业如果没有自主知识产权，只能处于产业价值链的低端，充当"打工者"、"加工者"的角色，时不时还跌入他人知识产权"陷阱"，被排挤打压，甚至被市场淘汰出局。而企业知识产权工作成效又与知识产权发展战略密切相关。只有制定并坚决实施一个周全、完善、适当的知识产权发展战略，企业的知识产权各项工作才能有条不紊、持续高效地展开，企业的全面发展才能获得持续的动力支持。

企业知识产权战略的制定和完善通常由企业高层主持，各有关人员，包括法务人员，共同参与完成。法务人员在其中应注意做好下列工作：

步骤1 调查分析企业知识产权发展基础

"有调查才有发言权",法务人员要成为企业知识产权发展的行家而不是"门外汉",必须对企业知识产权发展状况作深入调研,了解企业总体发展战略、企业的经济规模、企业所处行业特点、产品特点、经营管理特点、技术力量、知识产权发展现状等情况,并分析这些情况对知识产权战略的互动影响关系。

例如,就企业行业特点而言,不同行业的企业知识产权战略重点应各有侧重。如专利事务在生产性企业往往处于特别重要的地位,商标管理则为商贸企业所侧重,IT企业可能要特别关注版权和商业秘密管理。

步骤2 准确把握知识产权的特性

知识产权是一种无形资产,一旦受侵害往往就难以恢复,或者说恢复代价巨大,所以,知识产权发展战略不仅要关注怎么获取,而且要关注怎么保护。保护的重点应是事前预防而不是事后的救济。同样因为知识产权的无形性,不劳而获地侵害他人知识产权,获取不法利益比较容易,因而对某些人来说诱惑极大。法务人员则应有清醒的头脑,保证企业知识产权战略内容和实现途径都符合法律的要求,防止企业采取违法手段获取利用知识产权。

步骤3 重点关注企业知识成果的产权化

知识产权是智力成果的权利化,但智力成果本身并不必然形成知识产权,它要按照法律规定的条件和程序转化后才能成为垄断性的权利。在企业里,企业业务部门可能更多注重智力成果的产出,法务工作人员则应多关注智力成果的产权化,即着重考虑如何将智力成果转化为法律上的权利。同时,不同类型的知识产权各有自身的特殊性,法律要求的条件和程序各不相同,知识产权发展战略必须适应客体本身的特点。

工作任务二 参与企业知识产权管理机制构建

步骤1 设置精干高效的管理机构

企业要不要设置专门的知识产权管理机构,设置什么样的知识产权管理机构,都应根据本企业的实际需要而定。如果企业的知识产权事务多且复杂,宜配置专门的知识产权管理机构。对大多数中小企业来说,可能就没有这个必要,因为平常并没有那么多的知识产权事务需要处理,也没有那么多人员可以调配。但这项工作绝不可以放任自流,一定应该有明确具体的人员负责。实践中,有些中小企业采取临时的议事机构与确定的办事机构或人员相结合的知识产权管理构架。临时的议事机构一般由企业高层和与知识产权有关的业务部门负责人组成,他们主要就企业知识产权发展中的重大事项进行讨论并做出决策。一般的执行性事务交由具体的人员——通常是法务人员——负责承办。这种做法值得借鉴。

法务人员在企业知识产权管理工作中的作用主要是组织、沟通、协调、咨询。

步骤2　明确管理机构职能

知识产权事务在企业法律事务中具有一定的特殊性，企业根据需要建立专门的管理机构或者兼职的管理机构，目的都是为了提高这项工作的有效性。为了充分发挥这种机构的作用，应该明确它的主要工作包括但不限于下列几项：

(1) 对涉及知识产权事项的决策提供技术和法律的专业意见；

(2) 参与企业内部知识产权奖励、保密、评估制度的制定和落实；

(3) 加强与企业内部业务部门的沟通，对员工进行知识产权知识培训；

(4) 收集企业内外的知识产权的情报，建立必要的知识产权情报档案，充分利用相关的情报；

(5) 承办知识产权的获取、维持、利用、纠纷处理等法律事务。

学习情境二　收集并运用知识产权情报

工作任务一　收集知识产权情报

知识产权情报的收集，就是对企业内部知识产权现状、应用状况和市场上与本企业有关的知识产权发展动态的信息进行收集、整理、分析，为企业知识产权发展战略和策略的制定、执行，以及知识产权的获取、保护提供参考和准备基础资料。由于市场上与本企业有关的知识产权情报信息多且复杂，需要花费大量时间精力跟踪收集，所以需要特别给予关注。

步骤1　收集一般动态的情报

所谓收集一般动态情报是指在平常工作中密切跟踪那些与本企业密切相关的知识产权发展动态。收集的方法主要是通过查阅国内外公开出版的，与本企业经营业务有关的一般性和专业性期刊文献，以及进行市场调查，跟踪竞争对手的技术使用、商标使用、产品销售等情况，掌握市场动态，积累基础资料，以备不时之需。这条途径上的信息非常繁杂，查询收集工作量相当大，需要平时一点一滴的积累。

步骤2　收集特定目的的情报

这主要是在办理特定知识产权业务前，例如在专利、商标的开发、申请、转让或许可使用前，查询相关信息。查询的途径可以是查阅专利局、商标局定期公开发布出版的专利、商标文告，也可以上这些管理部门网站查询，或者直接到国家知识产权局（专利局）办事大厅或国家商标局商标注册大厅的查询窗口办理查询。企业可以派人亲自查询，也可以有偿委托专业机构代办。如国家知识产权局（专利局）下属的检索咨询中心或专利事务所可以代办专利信息查询；国家工商行政管理总局下属的"通达商标服务中心"或其他商标中介代理机构可以代办商标信息查询。

工作任务二　发挥知识产权情报作用

步骤1　参与知识产权开发方向和方案的制定

我国以及世界上大多数国家的专利和商标法律都实行"先申请原则"，著作权和计算机软件实行"先获得原则"。当一项知识成果已经被他人获取"产权"后，该知识产权人即获得了独占性权利，后来者即使通过自己的智慧独立研究掌握了同样的智力成果，也不能商业运用，更不能获得同样的知识产权。因此，获取相关知识产权情报能有效预警侵权风险，同时防止侵权投入、重复投入和无效投入。例如，《专利法》第22条规定，发明和实用新型授予专利权必须具备新颖性。企业在开发一项技术前或申请一项技术专利前，若通过情报的收集查询，发现有同样内容的发明创造已经公开，或已有包含其全部必要特征的实物公开出售或公开使用，就应及时停止相关的活动，以免浪费人力物力。

步骤2　阻止他人获得知识产权或使其知识产权无效

一项智力成果要获得知识产权必须符合法律规定的一系列条件，不符合这些条件就不能被授予相应权利，即使授予了相应权利也可能被请撤销。考虑到将来会受到他人知识产权的限制或者已经受到他人知识产权的限制，企业就可以利用自己掌握的他人正在申请的或已经获得的某项知识产权不符合法律要求的信息，阻止知识产权主管部门授予相关权利，或请求撤销已经授予的权利。

例如，申请专利权的发明和实用新型应当具备新颖性和创造性，若有人向专利局提供资料证明一项正在申请专利的技术已经包含在现有的已知技术中，该申请将不能获得专利授予。若该项技术已经被授予了专利，也可以同样方式请求专利复审委员会宣告该专利权无效。又如商标权人通过情报的收集监测，若发现自己的商标被别人抢注或者被别人注册了模仿的、近似的商标，就可以启动异议程序或请求裁定撤销程序。

步骤3　发现可以免费使用的知识产权

这一用途对专利事务具有特别重要的意义。因为专利有地域性和时效性，超过保护期和未在本国授予专利的技术，任何人都可以不必支付使用费就可以直接使用，马上投入生产为企业创利。而这样的"宝贝"不会自己从天而降，只能通过辛苦的技术情报收集才能得到。

步骤 4 防范和阻击知识产权侵权

企业对自己的知识产权当然十分珍惜,严密保护,防止被侵害,但知识产权侵权往往相当隐秘,知识产权人必须重视情报的收集,密切监测市场动态,才能及时发现对自己知识产权构成侵权的行为,必要时给予狠狠打击。

学习情境三 选择智力成果的保护方法

企业存在的智力创造成果自然形态主要有技术、商标、各种"作品"和信息。这些智力成果与某些知识产权类型存在一定的联系,但又不是必然的对应关系,因此,对某一特定的智力创造成果,有时需要选择采取适当的知识产权类型进行保护。

工作任务一 选择技术成果保护策略

步骤 1 分析技术的先进程度

企业涉及知识产权保护的技术主要是自己开发或以委托开发、合作开发、购买等方式获得的新技术,一般的通用技术不存在知识产权保护的问题。所以,企业法务人员应虚心向技术人员请教,准确掌握本企业技术的内容和特点,深刻理解法律上的有关规定,从而作出适当的判断,确定是否可能或必要将某项技术申请专利。

步骤 2 选择申请专利、维持技术秘密或技术公开

对一项新技术,我们首先要考虑采取专利保护还是采取商业秘密保护。通常,对于那些维持秘密状态的成本高或无法维持秘密状态的,应用后很容易被破解和技术成果的更新换代周期短的,市场前景可观的,采取申请专利的方式,甚至将专利制定为技术标准,是最有利的选择。反之,采取商业秘密保护可能更好。

有时,若有可能,也可将一项技术的部分作为商业秘密进行保护,部分申请专利,以实现技术的垄断和市场的独占。

也有极少数情况,当认为防卫权比获取专利更为重要时,也可选择公开发表有关技术,或者向专利局提交一份只要求公开而不要求实质性审查的专利申请,从而使该技术发明成为一项公有技术,以防止后来的发明人就该项技术获得专利。

步骤 3 选择申请发明、实用新型还是外观设计专利

在决定申请专利保护一项新技术成果后,接着需要考虑的是申请发明专利、实用新型专利还是申请外观设计专利。这三种专利之间的界限有些比较清楚,如一项新的技术方法只能申请发明专利,一项没有改进产品性能的产品外观新设计只能申请外观设计专利;有些则不是很清楚,如发明专利与实用新型专利都有"创造性"要求,两者之间只是有依专利局审查人员判断为依据的程度上的差别。同时,对于专利权人来说,这三种专利又是各有利弊的。因此,当设计出一种新产品时,就要仔细分析该产品的技术特点,审慎考虑申请哪种专利。当实在难以决断时,也可以申请两种以上的专利进行重叠权利保护,再根据授权情况见机行事。

步骤 4 选择申请专利还是申请商标

技术还可以采取专利权和商标权重叠保护,即可以将一项新技术名称申请商标予以保护,对技术内容申请专利保护。这通常是重大新技术发明的保护方式。例如爱立信公司将其研发的无线数据传输技术命名为"Blue Tooth"(译名为"蓝牙")并在多个国家申请商标,就收到很好的效果。但这样做也存在风险,若该商标成为商品通用名称则可能失去显著性,商标所有人可能会丧失商标的专有权。阿司匹林、尼龙、暖水瓶等都曾是专有的商标,后因成为商品通用名称而丧失了相应商标的专有权。

工作任务二 确定商标保护策略

步骤 1 确定商标注册或不注册

我国《商标法》规定,除特定商品商标强制注册外,一般商品采用自愿注册,未注册的商标也可以使用。所以,企业是否申请商标注册,应根据市场情况决定,需要就申请,不需要就不申请。不过需要注意的是,只有获得了注册的商标,使用人才享有专用权,才有权排斥其他人在同类商品或服务上使用相同或相似的商标,也才有权对商标侵权指控或起诉。否则,辛苦培养使用的商标若被他人抢注,继续使用反而构成侵害他人注册商标专用权,将是令人十分郁闷的。

一般来说,当企业不打算长期或在很广的地域生产经营某种商品,从经济效益角度考虑,就不一定申请商标注册。有时也可以设计好商标后,不急于注册,而是先进行市场试用,看效果如何再决定是否申请注册。当企业确立长远的发展目标,准备长期稳定地使用自己的商标,为取得竞争的有利地位,应申请注册取得商标专用权。

步骤 2 确定注册商标的组合

当一个企业经营多种产品或提供多种服务时,需要根据经营的需要和策略构建适当的注册商标组合。常见的做法有:

（1）将自己主导产品或服务商标注册的同时，还将同样的商标在自己暂时不经营的产品或服务上也予以注册，构成一个"防御商标"体系，以为将来多元化经营做好准备。

（2）为防止他人"搭便车"，可以将与自己注册的商标字型、发音、含义、图案近似的标识都进行注册，构成一个"联合商标"体系。

（3）不同的商品或服务分别注册不同的商标。

（4）主商标和副商标搭配使用。即注册一个使用于企业经营的所有品种的主商标，有时这个商标还与企业名称相同；同时又按照经营品种的类别分别注册使用不同的副商标，从而既保持企业品牌的连续性，又突出产品的个性。

企业构建什么样的商标组合是经营问题，同时也是法律问题。从法律角度看，上述做法都是允许的，同时还需注意：

（1）《商标法》实行"一件商标一类商品一份申请"原则，即一份商标注册申请书，仅允许填报一件商标并仅限用于一类商品或者服务上。每件申请，可以填报同一类中的10件（项）商品服务项目，超过者要加收费用。注册商标仅在经申报的特定类别中的具体商品或服务上享有受法律保护的专用权，该注册商标若要使用于未经申报的不同类别的商品或同一类的未申报的商品或服务上，并不当然享有专用权，仍需另行提出申请。

商标所属"类别"及"商品/服务项目"依据《商标注册用商品和服务国际分类》（尼斯分类）第八版以及国家商标局根据上述国际分类表修改的《类似商品和服务区分表》确定。

（2）我国商标法无防御及联合商标的规定，实际操作只能将各个商标分别提出申请。同时有些商标暂时可能不用，但《商标法》又有"注册商标连续3年停止使用的，商标局可以撤销注册"的规定。为协调这个矛盾，必须注意灵活利用《商标法》规定的注册商标使用方式，如在广告、商业展览、招牌、合同、信笺等上面标注商标都可视为注册商标的使用。

步骤3　确定商标是否国际注册策略

对于外向型企业来说，需要考虑商标是否申请国际注册。商标的国际注册比较复杂，花费不菲，商业前景也不是十分明朗，所以，实力较弱的企业并不一定要注册自己的国际商标，而是采取"贴牌"经营。但贴牌经营会受别人牵制，只能赚取产业链末端一点微薄利润，无法在竞争激烈的国际市场赢得一席之地，因此，它只能是权宜之计，从长远发展角度看，企业必须树立自己的品牌，重视商标的国际注册。

商标的国际注册有两条途径：一是根据《商标国际注册马德里协定》和《商标国际注册马德里协定有关议定书》，若要在马德里体系的国家提出商标注册申请,可以通过我国商标局向世界知识产权组织(WIPO)国际局提交申请以在相关国家获得注册;二是在不属于马德里体系的国家以及属于马德里体系的国家但并未通过国际注册来提出商标注册申请的,只能在各个国家逐一提出。

鉴于商标的国际注册远比国内注册复杂,大多数企业缺少相关知识和经验,因此,将该事项委托专业代理机构不失为明智选择。这些机构可以是准备注册的所在国代理机构。在不能直接接触国外代理机构的情况下,可以委托中国国际贸易促进委员会、中国专利代理(香港)有限公司、中国商标事务所、上海商标事务所等国家认可的涉外机构代理。

步骤4 确定是否认定驰名商标

驰名商标是指在中国为相关公众广为知晓并享有较高声誉的商标。驰名商标受到法律的特殊保护,能给企业带来特别的利益,因此,实践中是企业竞相追逐的对象。企业商标要获得"驰名"的声誉,根本途径应当是改善自己的经营管理、提高商品质量和服务水平,赢得顾客认可,同时也要注意相关法律规定的灵活运用。

我国对驰名商标采取"个案认定、被动保护"规则,即只有在商标所有人认为其驰名商标权益受到损害并请求保护其合法权益时,认定机构才考虑是否认定驰名商标。根据《商标法实施条例》、《驰名商标认定和保护规定》、《关于申请认定驰名商标若干问题的通知》等法规、规章的规定,商标局、商标评审委员会有权根据当事人的请求,在查明有侵害商标事实的基础上,依法认定其商标是否构成驰名商标。这是驰名商标的行政认定。又根据最高人民法院出台的《关于审理商标民事纠纷案件适用法律若干问题的解释》,人民法院在审理商标纠纷案件中,根据当事人的请求和案件的具体情况,可以对涉及的注册商标是否驰名依法作出认定。这是驰名商标的司法认定。

当企业的商标(包括注册商标和未注册商标)被他人侵害时,除了按照一般侵害知识产权案件的方法积极应对外,还应积极考虑申请驰名商标的认定。至于是进行司法认定还是行政认定,则应根据案件主管机关而定。实践中也有企业制造假的纠纷或侵权案件,以将自己商标认定为"驰名"。这种做法违背诚实信用原则,也浪费司法和行政资源,并不可取。

工作任务三 确定企业内部信息保护策略

步骤1 建立信息保护机制

企业的各种信息散见于企业运转过程中,具有复杂性、隐蔽性和模糊性,因而其保护和利用非法务人员一己之力所能胜任。克服这一困境的基本办法是，一方面，企业法务人员不仅自己有权利敏感性，更要积极对员工，特别是每个业务部门负责人做好宣传培训，帮助他们树立相应的意识，改变现实中常见的漠视各种信息保护和利用的观念；另一方面，要协助各部门建立信息管理制度，对企业一些重要的信息，应与各部门协商，确定处理的方案。

步骤2　甄别信息的价值

企业在生产、经营、管理过程中会产生各种信息，法务人员应该有知识产权意识，对这些信息进行缜密的甄别，分析是否具有商业上和法律上的价值，对有价值的信息注意从知识产权角度进行开发、利用和保护。

步骤3　选择信息保护方法

对企业各种信息的利用和保护方式主要有公开和保密两种选择，由此可能形成著作权和商业秘密权。公开某些信息是因为这些信息能给企业带来知名度和美誉度，因此，通过公关、宣传等活动广而告之。在这个过程中，这些信息表达方式构成著作权上的"作品"受到保护。它们在企业中存在的形式多样，如商品和服务项目的说明书、专利说明书、目录、表格、宣传册、设计图，等等。保密某些信息是因为这些信息能给企业带来市场垄断地位，因而，采取缜密的措施秘而不宣，从而构成商业秘密权。这些信息的形式通常是一些客户名单、货源情报、产销策略、管理诀窍、招投标中的标底及标书内容，等等。

学习情境四　依法获取知识产权

在知识产权中，专利权、商标专用权必须办理登记手续才能得到保护，著作权、商业秘密权不需办理注册手续也可以得到保护。对于注册才能取得的专利权、商标专用权，当事人不仅要满足法律规定的实体条件要求，而且要办理相关手续才能取得相应的权利。著作权、商业秘密权虽然不需办理注册手续，但法律也有一些实体条件要求，必须按照这些条件要求做好相应工作。

工作任务一　办理专利申请手续

专利权由当事人向国家知识产权局（专利局）提出申请，经公开、审查、授予后才能获得。专利申请的程序和手续如下图示。

学习单元五 企业知识产权管理中的法律事务处理

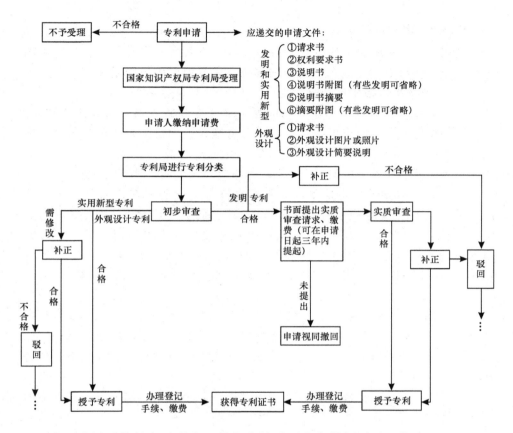

在上述图示的整个过程中,承办人员需要注意做好下列工作:

步骤1 选择适当的申请时机

我国《专利法》实行"先申请原则",两个以上的申请人分别就同样的发明创造申请专利的,专利权授予最先申请的人。因此,及时申请是获得专利权首先需要注意的。如果千辛万苦研究出技术成果,却因为懈怠被别人先申请了专利,那将是十分可惜的事。

这里特别要注意技术成果成熟与申请专利的关系。专利技术未必是成熟的技术,技术开发过程中的阶段性成果,只要符合《专利法》的"三性"要求,就可以申请并获得专利,然后在技术不断试验和改良过程中持续地对改良成果申请专利。

当然,也不能过早提出申请。过早提出申请会因不具有专利的"三性"而被驳回,导致延误或申请失败;或者因构思展开不够导致专利权的保护范围狭窄,不能充分保护自己的权利。究竟什么时候申请,技术人员与法务人员要深入分析,共同协商。

步骤2 撰写申请文件

专利申请最重要的工作是撰写申请文件。申请发明或者实用新型专利的应当提交：发明专利请求书、说明书（说明书有附图的，应当提交说明书附图）、权利要求书、摘要（必要时应当有摘要附图），各一式两份。

申请外观设计专利的，应当提交外观设计专利请求书、图片或者照片；要求保护色彩的，还应当提交彩色图片或者照片；如对图片或照片需要说明的，应当提交外观设计简要说明；全部一式两份。

上述文件的样本可以到国家专利局办事大厅领取或在其网站下载。

一项专利的授予，不仅要求技术本身符合法律的要求，而且要求申请的文件也要符合《专利法》和《专利法实施细则》规定的一系列复杂的要求，因此，申请文件的撰写是一项法律性和技术性都很强的工作，撰写的质量将直接影响发明创造能否获得专利以及专利保护范围的大小，也会影响该专利申请的进度。对此，申请人或申请承办人必须给予高度重视。

《专利法》虽然规定申请文件可以由申请人自己撰写，也可以委托专利代理机构代为办理，但是考虑到精心撰写申请文件的重要性，以及审批程序的法律严谨性，对经验不多的申请人来说，最好委托专利代理机构办理，或者请专业人员给予指导。

我国的专利代理机构有经国家专利局核准的专业专利代理机构和兼业专利事务代理的律师事务所，其承办人员应取得《专利代理人资格证》和《专利代理人执业证》。委托人应与专利代理机构而不是直接与专利代理人建立委托关系，并签订委托代理合同，但可以指定对自己申请的专利技术熟悉的代理人承办业务。企业若委托了专业代理机构办理专利申请事务后，并非就无所事事了，其技术人员要做好技术交底工作，法务人员应当做好沟通协助以及常规事务的办理。

步骤3 提交申请文件

专利申请文件可以提交给国家知识产权局专利局受理处，也可以提交到设在地方的国家知识产权局专利局代办处。这些机构的地址可以在国家知识产权网站查阅。其中杭州代办处地址是浙江省杭州市文二路212号高新大厦9楼，电话：0571－85116361。

提交方式有三种：(1) 直接面交；(2) 挂号或特快专递寄交；(3) 电邮。文件形式可以采用书面版本或者电子版本，不能用口头说明或者提供样品或模型的方法，来代替书面申请文件。此外，申请文件的文字、书写、纸张、排列顺序等，都有一系列严格要求，申请人必须按照要求做。具体要求可以查阅专利局网站上的公示。

步骤4　缴纳规费

专利局受理处或各专利局代办处收到专利申请后,对符合受理条件的申请,将确定申请日,给予申请号,发出受理通知书和缴纳申请费通知书。申请文件采取面交的,受理机构当时进行申请是否符合受理条件的审查,符合受理条件的当场办理受理手续。申请文件采取寄交的,一般在一个月左右可以收到专利局的受理通知书,不符合受理条件的,将收到不受理通知书以及退还的申请文件复印件。

申请人接到受理通知书和缴纳申请费通知书后,应按照上面的要求缴纳申请费①。缴费前应仔细阅读专利局的有关通知或与专利局办事机构沟通,弄清相关要求,不要因麻痹大意而误事。缴费可以直接向知识产权局缴纳,也可以通过邮局或者银行汇付。通过邮局或者银行汇付的,应当在汇单留言上注明费用名称、专利申请号或专利号和申请人,否则视为未缴纳导致弃权。汇款人应当要求银行或邮局工作人员在汇款附言栏中录入上述缴费信息,通过邮局汇款的,还应当要求邮局工作人员录入完整通讯地址,包括邮政编码,这些信息在以后的程序中是有重要作用的。

步骤5　配合专利局的审查

专利申请提交后,专利局将对申请进行审查。审查分为初步审查和实质审查。这期间申请人应按照专利局的要求完成一系列工作。

如,经初步审查后,专利局可能会认为申请手段不正确,或者认为申请文件不完整、不规范,就会通知申请人限期修改、补正。这时申请人就要及时修改、补正,否则被视为撤销申请。

发明专利通过初步审查后,申请人还要在3年内向专利局提出进行实质审查的申请,有时专利局认为必要的,也可以自行进行实质审查。如果申请人没有在规定期限提出实质审查申请,将视为撤销申请。

又如,专利局对实用新型和外观设计专利申请经初步审查,对发明专利申请经实质审查,认为不符合法定条件作出驳回决定的,申请的企业可以向专利局专利复审委员会提出复审申请。对复审决定不服的,可以向法院提起诉讼。

---

① 专利的申请和维持要缴纳一系列费用,主要有:(1)申请费;(2)申请维持费;(3)审查费;(4)年费;(5)著录事项变更费;(6)优先权要求费;(7)恢复权利请求费;(8)复审费;(9)撤销请求费;(10)无效宣告请求费;(11)强制许可使用费;(12)专利登记费以及规定的附加费;(13)强制许可使用费的裁决请求费。

总之，审查期间，专利局有什么要求，或者做出什么决定，都会通知申请人。申请人应根据通知及时做出反应。

工作任务二　办理商标注册申请[①]

商标注册由申请人向国家工商行政管理局商标局提出，商标局经审查确认授予。

从申请的提出到注册的完成，可能经历的全部过程和需要手续如下页图示。

承办商标注册申请需要做的主要工作有：

步骤1　选择申请方式

申请人办理各种商标注册事宜有三种方式：一是自己直接到商标局的商标注册大厅办理；二是委托国家认可的商标代理机构代理。所有在商标局备案的商标代理机构都公布在商标局网站上的"代理机构"一栏中，可以上网查询选择；三是通过"中国商标网"进行商标网上注册申请。不过这种申请方式目前还有诸多特殊要求，其具体内容可在该网站查阅。

步骤2　审查商标的合规性

对准备申请的商标要自我审查，避免被要求补正或被驳回。这项工作在商标设计时就要做，并一直持续到申请文件提交前。审查内容首先是查询申请注册的商标有无与在先权利商标相同或近似的情况。其次应审查准备申请注册的商标是否符合《商标法》第9条规定的显著性要求，有无违反《商标法》第9、10、11、12、13条的禁止性规定。一旦申请被提交后，商标图样以及申请人、商品或服务项目就不得更换。

步骤3　提交申请文件

需要提交的申请文件有：《商标注册申请书》、商标图样、申请人和经办人身份证明以及其他证明。

这些材料内容应当真实、准确、完整、规范，形式必须按照其本来的格式，正反面打字或者印刷。对于手写的商标申请书件，商标局和商标评审委员会不予受理。

[①] 狭义的商标注册申请仅指商品和服务商标注册申请，以及商标国际注册申请、证明商标注册申请、集体商标注册申请、特殊标志登记申请。广义的商标注册申请除包括狭义的商标注册申请的内容外，还包括变更、续展、转让注册申请，异议申请，商标使用许可合同备案申请，以及其他商标注册事宜的办理。前者是具有典型意义的申请，掌握了这种申请的内容和方式，其他的申请基本不在话下，所以本教材将其作为标本进行介绍。

学习单元五　企业知识产权管理中的法律事务处理

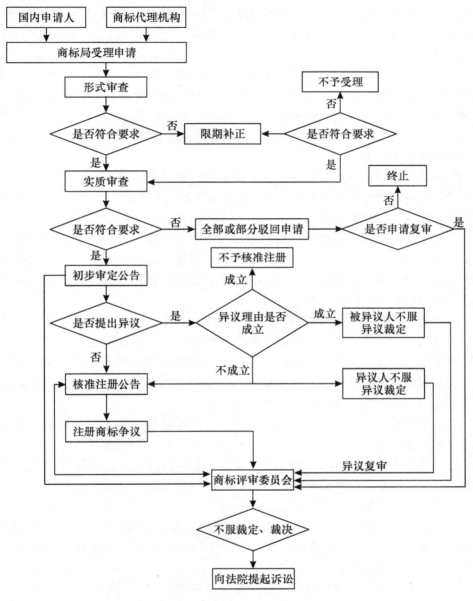

商标注册流程图

《商标注册申请书》应按照上面的"填写说明"认真填写，加盖申请人公章。申请书提交前应仔细检查，尽量杜绝错误。因为申请书提交后发现错误的，需要提交《更正商标申请/注册事项申请书》并要交纳500元规费才能更正。

商标图样需要递交 6 张（申请书背面贴 1 张，交 5 张），要求图样清晰，规格为长和宽不小于 5 厘米并不大于 10 厘米。若指定颜色，贴着色图样 1 张，交着色图样 5 张，附黑白图样 1 张。

申请人身份证明需要提交申请人的营业执照复印件，并出示营业执照副本原件。如不能出示营业执照副本原件，申请人的营业执照复印件须加盖申请人印章。委托商标代理机构办理的，提交申请人的营业执照复印件。

经办人身份证明只须提交身份证复印件。委托商标代理机构办理的，提交商标代理委托书。

其他证明根据商标局要求提供。如申请注册的商标是人物肖像，应附送经过公证的肖像权人同意将此肖像作为商标注册的声明文件。

步骤 4　缴纳注册规费

商标注册申请或其他事项的办理都需要缴纳一系列规费，申请人应按照要求及时缴纳。这些规费在申请提交时就应缴纳。缴纳的方式可以是到商标注册大厅缴费窗口直接缴纳，也可通过银行信汇、电汇方式付款。费用标准在商标局网站和注册大厅都有公示。

步骤 5　配合商标局的审查

从商标的申请到核准注册，如果顺利的话，经过形式审查→实质审查→初步审定和公告→核准注册并公告等环节，申请人就能取得自己心仪的商标了。其间大约需要 2 年时间。这期间虽然没有什么实质性工作要做，但承办人还是要密切关注事情进展，以防出现变故。

如果申请不顺的话，可能会出现被商标局要求限期补正、全部或部分驳回申请、被他人提出异议等情况。应对这些情况时，若是涉及注册商标实质要件问题，申请人应按照《商标法》的有关要求据理力争；若是形式要件问题，申请人按照商标局的要求去做即可。

可能出现的情况以及需要做的工作有：

（1）当申请手续基本齐备或者申请书件基本符合规定但存在细微瑕疵，商标局通知申请人予以补正的，申请人应自收到通知之日 30 天内，按照指定内容补正并交回商标局。

（2）商标注册申请被驳回的，如果对驳回决定不服，申请人可以自收到驳回通知之日起 15 日内向国家工商行政管理总局商标评审委员会申请复审，针对驳回的理由申述抗辩意见。

（3）申请注册的商标被提出异议的，如果申请人对商标局的异议裁定不服，可以自收到异议裁定书之日起 15 日内向国家工商行政管理总局商标评审委员会申请复审，针对裁定理由申述抗辩意见。

工作任务三 采取保护商业秘密的措施

商业秘密是一种独具特色的知识产权，它既不像专利、商标那样需要国家机关的确认才能产生专有权，也不像著作权随"作品"自然产生，而是要符合法律规定的要件才能得到保护。商业秘密法律要件在《反不正当竞争法》中有较为完整的概括，该法第 10 条第 3 款规定，商业秘密"是指不为公众所知悉、能为权利人带来经济利益、具有实用性并经权利人采取保密措施的技术信息和经营信息"。基于此，学界通常将商业秘密的构成要件简括为秘密性、价值性和管理性。根据这三个要件和司法实践中的做法，企业欲使经营管理中的某些信息成为商业秘密并得到法律保护，需要做好下列工作：

步骤 1 筛选需要保密的信息

企业经营管理中充斥着各种各样的信息，但并非任何信息都能成为商业秘密。要成为商业秘密，信息本身必须具备秘密性和价值性。所谓秘密性，是指"该信息是不能从公开渠道直接获取的"[①]，也就是说，该信息不是常识性的、众所周知的。所谓价值性，是指该信息"能为权利人带来现实的或者潜在的经济利益或者竞争优势"[②]，没有商业价值的信息不能构成商业秘密。

既然并非任何信息都能成为商业秘密，那么就有必要以"秘密性"和"价值性"为标准，对企业经营管理中的各种信息进行筛选。筛选的路径通常有两条：一是在技术活动领域寻找符合要求的信息，这些信息通常的存在形式有设计、工艺、数据、配方、诀窍、计算机程序等；二是在经营、管理活动领域寻找符合要求的信息，这些信息通常的存在形式有管理诀窍、货源情报、客户名单、产销策略、投资计划、招投标中的标底及标书内容等。前者就是通常所说的技术秘密，后者就是通常所说的经营秘密。

步骤 2 采取适当的保密措施

如果说秘密性和价值性构成商业秘密客观上的特性，那么管理性就构成商业秘密主观上的特性。

管理性要求商业秘密权利人对有关信息要采取合理的保密措施。这些措施一方面要表明权利人的保密意图，另一方面要向义务人昭示商业秘密的存在。措施的形式实践中花样繁多，常见的主要有订立保密协议，建立保密制度。保密协议由企业与因业务上必须知悉秘密的特定员工或业务相关人签订。建立保密制度则针对那些不应知道某些信息的一般人，警示他们要采取合理

---

①② 1995 年国家工商行政管理局《关于禁止侵犯商业秘密行为的若干规定》第 2 条，1998 年国家工商行政管理局《关于商业秘密构成要件问题的答复》。

的回避行为。具体做法可以是对所有涉及秘密的文件标示"秘密"的文字或符号，对信息载体加锁或采取其他物理防范措施，等等。

这些保密措施应针对特定的、具体的信息，商业秘密权利人不能事前泛泛主张所有不愿为外人所知的信息都是商业秘密，事后才明确这些信息是什么，那样就令人无所适从了。

学习情境五　充分利用知识产权

工作任务一　参与筹划知识产权利用方式

获取知识产权的目的是要利用知识产权，即权利人通过知识产权的某种形式的运用，实现知识成果的商品化和产业化，以获得最大的经济利益。

知识产权利用的基本方式主要有四种：

步骤1　自己直接实施知识产权

例如，专利权人使用专利技术于生产经营，提高生产效率，降低生产成本，改进产品质量；同时，还可以在自己的专利产品上标示专利号，以进行广告宣传，赢得市场信誉，扩大市场份额。商标权人在其注册商标核准使用的商品和服务上，或相关的商业活动中使用该商标。这些是知识产权利用的基本方式。

步骤2　转让知识产权

即将专利申请权或专利权、注册商标专用权、著作权和商业秘密一次性转移给他人以获取利益。就其法律性质而言，知识产权的转让与一般的实物商品买卖没有区别，但就具体操作而言，比一般的实物商品买卖复杂的多。最棘手的问题是其价值不好判断，需要综合考虑权利的稳定性、现有的市场状况、未来的市场前景等多种因素再进行评估，因此，买卖双方都应对风险有足够的认识，必要时应请求专业机构的帮助。另外还要注意，根据《专利法》的规定，转让专利申请权或者专利权的，当事人应当订立书面合同，并向国务院专利行政部门登记，由国务院专利行政部门予以公告。专利申请权或者专利权的转让自登记之日起生效。根据《商标法》的规定，注册商标转让的，当事人应当签订书面协议并报经商标局核准和公告，受让人自公告之日起享有商标专用权。

步骤3　许可他人实施利用知识产权

这实际就是知识产权人将知识产权成果"出租"给他人使用，以获得经济利益。实践中，这种利用的方式也是很复杂。专利权和商标专用权的许可方式有普通实施许可、排他实施许可、独占实施许可等，当事人应当在许可合同中明确约定采用哪种方式以及许可使用的范围、时间、地域等。商标使用许可合同还应当报商标局备案。

步骤 4　将知识产权资产化运用

即将知识产权的本身价值以及所体现出的预期收益资产化处理，进行担保融资或投资参股。根据《物权法》第 227 条规定，注册商标专用权、专利权、著作权等知识产权中的财产权可以用于出质担保。根据《公司法》、《合伙企业法》等企业法的规定，注册商标专用权、专利权、著作权中的财产权可以用于企业的出资，并应当依法办理财产权转移手续。商业秘密可否用于上述用途，法律未作明确的规定，但根据其性质，似乎只能作否定回答。

工作任务二　办理知识产权利用手续

上述知识产权利用时，还要办理相关的法律手续，主要有：

步骤 1　拟订、审查相关合同

除自己使用外，知识产权其他利用方式都要求签订书面合同，合同应该条款齐备、用语准确、内容全面。对于其中有些合同，主管部门发布有合同范本，能够利用的尽量直接利用这些范本；情况特殊复杂需要自己拟订个性化的合同的，也应充分参考这些范本。

步骤 2　办理登记或备案手续

相关法律规定，专利、注册商标的转让、质押和作为企业投资的，应当到相应的主管部门办理登记手续，登记是相应法律行为和相关权利的生效要件；专利、注册商标许可他人使用的，应到相应主管部门办理备案手续，备案不影响合同的效力，但未备案当事人应当承担一定的行政法律责任。

办理登记或备案的手续大同小异，主要是提交下列文书材料：

（1）按照要求填写并提交主管部门统一印制的申请书（这些申请书可以直接到相关部门领取或在其网站下载）；

（2）合同的副本和复印件；

（3）合同当事人身份证明文件（复印件）；

（4）委托代理的提交受让人出具的《代理委托书》，直接在受理大厅办理的提交受让方经办人的身份证原件和复印件；

（5）其他有关证明文件；

（6）申请文件为外文的，还应提供经翻译机构签章确认的中文译本。

上述文件提交给主管部门后，主管部门将依法审查，符合相应条件的予以核准并公告；不符合法定条件的，不予核准，书面通知申请人并说明理由。主管部门的决定是终局的。

法律法规指引

1. 《专利法》(全国人民代表大会常委会)
2. 《专利法实施细则》(国务院)
3. 《专利代理管理办法》(国家知识产权局)
4. 《国家知识产权局行政复议规程》(国家知识产权局)
5. 《关于对诉前停止侵犯专利权行为适用法律问题的若干规定》(最高人民法院)
6. 《商标法》(全国人民代表大会常委会)
7. 《商标法实施条例》(国务院)
8. 《商标代理管理办法》(国家工商行政管理局)
9. 《驰名商标认定和保护规定》(国家工商行政管理局)
10. 《关于审理商标民事纠纷案件适用法律若干问题的解释》(最高人民法院)
11. 《著作权法》(全国人民代表大会常委会)
12. 《著作权法实施条例》(国务院)
13. 《关于审理著作权民事纠纷案件适用法律若干问题的解释》(最高人民法院)
14. 《计算机软件保护条例》(国务院)
15. 《关于审理涉及计算机网络著作权纠纷案件适用法律若干问题的解释》(最高人民法院)
16. 《反不正当竞争法》(全国人民代表大会常委会)
17. 《关于审理不正当竞争民事案件应用法律若干问题的解释》(最高人民法院)

模拟训练

【示例1】学习掌握知识产权情报的收集运用方法

【案情简介】单元一"示例1"成立的杭州奇威特玻璃有限公司根据市场需要,准备组织力量开发给钢化玻璃染色的生产技术,公司法务被要求协助开展此项工作。

【问题与提示】

1. 思考收集钢化玻璃染色一般技术发展状况的方法。
2. 思考收集已有类似技术专利途径和方法,实际进行相关操作。
3. 从维护公司利益角度考虑,技术开发前和过程中需要做哪些事项。

4. 思考保护该次技术开发成果的方案。

【示例2】学习掌握知识产权（注册商标）的申请方法

【案情简介】单元一"示例1"成立的杭州奇威特玻璃有限公司总经理指示公司法务人员协助公司行政部为公司产品申请注册商标。（商标图样自行模拟设计）

【问题与提示】
1. 先行查询同类商品已有注册商标情况，防止撞车现象。
2. 设计一个商标，并审查该商标是否符合实体要件。
3. 查阅商标申请手续，制作手续文件材料。

【示例3】学习掌握保护知识产权的方法

【案情简介】假如本单元示例1设想的研发获得的技术成果申请了生产方法发明技术专利后，该公司法务人员接到公司业务人员报告：发现市场上另有一家公司（甲公司）生产同样的染色钢化玻璃产品，怀疑其使用了本公司已经申请了专利的生产方法，同时还发现该公司使用的产品宣传册与本公司的宣传册几乎一模一样，仅仅上面的生产厂家信息不一样。业务员请求法务指示怎么办。

【问题与提示】
1. 思考侵权事实调查及证据收集固定的方法，并为此筹划行动方案。
2. 思考与对方交涉维权可能的几种方案，分析各个方案的利弊。
3. 思考与公司领导沟通交流的预案。

附录

实用新型撰写示例[①]
说 明 书（撰写示例）

试 电 笔

　　*〔实用新型名称应简明、准确地表明实用新型专利请求保护的主题。名称中不应含有非技术性词语，不得使用商标、型号、人名、地名或商品名

---

① 摘录自国家知识产权局网站，网址：http://www.sipo.gov.cn/sipo/zlsq/zlsqzxsl/200605/t20060510_99539.htm。

称等。名称应与请求书中的名称完全一致,不得超过 25 个字,应写在说明书首页正文部分的上方居中位置。]

[依据《专利法》第 26 条第 3 款及《专利法实施细则》第 18 条的规定,说明书应对实用新型作出清楚、完整的说明,使所属技术领域的技术人员,不需要创造性的劳动就能够再现实用新型的技术方案,解决其技术问题,并产生预期的技术效果。说明书应按以下五个部分顺序撰写:所属技术领域;背景技术;发明内容;附图说明;具体实施方式。并在每一部分前面写明标题。]

1. 所属技术领域

本实用新型涉及一种指示电压存在的试电装置,尤其是能识别安全和危险电压的试电笔。

[所属技术领域:应指出本实用新型技术方案所属或直接应用的技术领域。]

2. 背景技术

目前,公知的试电笔构造是由测试触头、限流电阻、氖管、金属弹簧和手触电极串联而成。将测试触头与被测物接触,人手接触手触电极,当被测物相对大地具有较高电压时,氖管启辉,表示被测物带电。但是,很多电器的金属外壳不带有对人体有危险的触电电压,仅分布电容和/或正常的电阻感应产生电势,使氖管启辉。一般试电笔不能区分有危险的触电电压和无危险的感应电势,给检测漏电造成困难,容易造成错误判断。

[背景技术:是指对实用新型的理解、检索、审查有用的技术,可以引证反映这些背景技术的文件。背景技术是对最接近的现有技术的说明,它是作出实用技术新型技术方案的基础。此外,还要客观地指出背景技术中存在的问题和缺点,引证文献、资料的,应写明其出处。]

3. 发明内容

[发明内容:应包括实用新型所要解决的技术问题、解决其技术问题所采用的技术方案及其有益效果。]

为了克服现有的试电笔不能区分有危险的触电电压和无危险的感应电势的不足,本实用新型提供一种试电笔,该试电笔不仅能测出被测物是否带电,而且能方便地区分是危险的触电电压还是无危险的感应电势。

[要解决的技术问题:是指要解决的现有技术中存在的技术问题,应当针

对现有技术存在的缺陷或不足，用简明、准确的语言写明实用新型所要解决的技术问题，也可以进一步说明其技术效果，但是不得采用广告式宣传用语。］

本实用新型解决其技术问题所采用的技术方案是：在绝缘外壳中，测试触头、限流电阻、氖管和手触电极电连接，设置一分流电阻支路，使测试触头与一个分流电阻一端电连接，分流电阻另一端与一个人体可接触的识别电极电连接。当人手同时接触识别电极和手触电极，使分流电阻并联在测试触头、限流电阻、氖管、手触电极电路测试时，人手只和手触电极接触，氖管启辉，表示被测物带电。当人手同时接触手触电极和识别电极时，若被测物带有无危险高电势，由于电势源内阻很大，从而大大降低了被测物的带电电位，则氖管不启辉；若被测物带有危险触电电压，因其内阻小，接入分流电阻几乎不降低被测物带电电位，则氖管保持启辉，达到能够区别安危电压的目的。

［技术方案：是申请人对其要解决的技术问题所采取的技术措施的集合。技术措施通常是由技术特征来体现的。技术方案应当清楚、完整地说明实用新型的形状、构造特征，说明技术方案是如何解决技术问题的，必要时应说明技术方案所依据的科学原理。撰写技术方案时，机械产品应描述必要零部件及其整体结构关系；涉及电路的产品，应描述电路的连接关系；机电结合的产品还应写明电路与机械部分的结合关系；涉及分布参数的申请时，应写明元器件的相互位置关系；涉及集成电路时，应清楚公开集成电路的型号、功能等。本例"试电笔"的构造特征包括机械构造及电路的连接关系，因此既要写明主要机械零部件及其整体结构的关系，又要写明电路的连接关系。技术方案不能仅描述原理、动作及各零部件的名称、功能或用途。］

本实用新型的有益效果是：可以在测试被测物是否带电的同时，方便地区分安危电压，分流支路中仅采用电阻元件，结构简单。

［有益效果：是实用新型和现有技术相比所具有的优点及积极效果，它是由技术特征直接带来的，或者是由技术特征产生的必然的技术效果。］

4. 附图说明

下面结合附图和实施例对本实用新型进一步说明。

图1是本实用新型的电路原理图。

图2是试电笔第一个实施例的纵剖面构造图。

图3是图2的Ⅰ－－Ⅰ剖视图。

图 4 是试电笔第二个实施例的纵剖面构造图。

图中（1）测试触头，（2）绝缘外壳，（3）弹簧，（4）同心电阻，（5）限流电阻，（6）分流电阻，（7）识别电极，（8）氖管，（9）弹簧，（10）后盖，（11）手触电极，（12）绝缘隔离层，（13）弹簧。

［附图说明：应写明各附图的图名和图号，对各幅附图作简略说明，必要时可将附图中标号所示零部件名称列出。］

5．具体实施方式

在图 1 中，测试触头（1）、限流电阻（5）、氖管（8）与手触电极（11）串联，测试触头（1）与分流电阻（6）一端相连，分流电阻（6）另一端与识别电极（7）相连。通常限流电阻阻值为几兆欧，为保证人身安全，分流电阻阻值不小于限流电阻阻值，最好取限流电阻阻值 1~2 倍。

在图 2 所示实施例中，测试触头（1）在绝缘外壳（2）一端伸入其中空腔，与弹簧（3）接触，弹簧（3）另一端与同心电阻（4）相接触，同心电阻（4）是纵剖面为 E 形，其中间圆柱部分限流电阻（5）高于作为分流电阻（6）的圆管部分，使氖管（8）的一端与限流电阻（5）接触时不碰到分流电阻（6），弹簧（9）一端与氖管（8）相接触，另一端与后盖（10）上的手触电极（11）相接触，弹簧压力保证各元件间可靠电连接。如图 3 所示的环状弹性金属片状识别电极（7）其边缘向中心伸出的接触爪卡住圆管状分流电阻（6）外表面，其外边缘伸出并附于绝缘外壳外表面。

在图 4 所示的另一个实施例中，测试触头（1）在绝缘外壳（2）一端伸入其中空腔，同时与平行设置的限流电阻（5）和分流电阻（6）的一端相接触，限流电阻另一端通过氖管（8）弹簧（9）与手触电极（11）电接触，分流电阻通过弹簧（13）与识别电极电接触，两电极之间设置一绝缘隔离层（12）。

［具体实施方式：是实用新型优选的具体实施例。具体实施方式应当对照附图对实用新型的形状、构造进行说明，实施方式应与技术方案相一致，并且应当对权利要求的技术特征给予详细说明，以支持权利要求。附图中的标号应写在相应的零部件名称之后，使所属技术领域的技术人员能够理解和实现，必要时说明其动作过程或者操作步骤。如果有多个实施例，每个实施例都必须与本实用新型所要解决的技术问题及其有益效果相一致。］

学习单元五　企业知识产权管理中的法律事务处理

说明书附图（撰写示例）

[说明书附图：应按照《专利法实施细则》第19条的规定绘制。每一幅图应当用阿拉伯数字顺序编图号。附图中的标记应当与说明书中所述标记一致。有多幅附图时，各幅图中的同一零部件应使用相同的附图标记。附图中不应当含有中文注释，应使用制图工具按照制图规范绘制，图形线条为黑色，图上不得着色。]

权利要求书（撰写示例）

1. 一种试电笔，在绝缘外壳中，测试触头、限流电阻、氖管和手触电极顺序电连接，其特征是：测试触头与一个分流电阻一端电连接，分流电阻另一端与一个人体可接触的识别电极电连接。

[一项实用新型应当只有一个独立权利要求。独立权利要求应从整体上反映实用新型的技术方案，记载解决的技术问题的必要技术特征。独立权利要求应包括前序部分和特征部分。前序部分，写明要求保护的实用新型技术方案的主题名称及与其最接近的现有技术共有的必要技术特征。特征部分使用"其特征是"用语，写明实用新型区别于最接近的现有技术的技术特征，即实用新型为解决技术问题所不可缺少的技术特征。]

2. 根据权利要求1所述的试电笔，其特征是：分流电阻与限流电阻是一个一体的同心电阻，同心电阻中间圆柱部分为限流电阻，其外部圆管部分为分流电阻，圆柱部分高于圆管部分；识别电极为环状弹性金属片，其边缘向中心伸出的接触爪卡住圆管状分流电阻外表面，其外边缘伸出并附于绝缘外壳外表面。

3. 根据权利要求1所述的试电笔，其特征是分流电阻与限流电阻平行设置，其间为绝缘隔离层。

[从属权利要求（此例中权利要求2、3为从属权利要求）应当用附加的技术特征，对所引用的权利要求作进一步的限定。从属权利要求包括引用部分和限定部分。引用部分应写明所引用的权利要求编号及主题名称，该

主题名称应与独立权利要求主题名称一致（此例中主题名称为"试电笔"），限定部分写明实用新型的附加技术特征。从属权利要求应按规定格式撰写，即"根据权利要求（引用的权利要求的编号）所述的（主题名称），其特征是……"]

［依据《专利法》第26条第4款和《专利法实施细则》第20条至第23条的规定，权利要求书应当以说明书为依据，说明要求保护的范围。权利要求书应使用与说明书一致或相似语句，从正面简洁、明了地写明要求保护的实用新型的形状、构造特征。如：机械产品应描述主要零部件及其整体结构关系；涉及电路的产品，应描述电路的连接关系；机电结合的产品还应写明电路与机械部分的结合关系；涉及分布参数的申请，应写明元器件的相互位置关系；涉及集成电路，应清楚公开集成电路的型号、功能等。权利要求应尽量避免使用功能或者用途来限定实用新型；不得写入方法、用途及不属于实用新型专利保护的内容；应使用确定的技术用语，不得使用技术概念模糊的语句，如"等"、"大约"、"左右"等用语；不应使用"如说明书……所述"或"如图……所示"等用语；首页正文前不加标题。每一项权利要求应由一句话构成，只允许在该项权利要求的结尾使用句号。权利要求中的技术特征可以引用附图中相应的标记，其标记应置于括号内。]

说明书摘要（撰写示例）

一种能够识别安全和危险电压的试电笔。它是在绝缘外壳中，测试触头、限流电阻、氖管、手触电极顺序电连接，并加有一分流电阻支路，使分流电阻一端与测试触头电连接，另一端与识别电极电连接。人体仅与手触电极接触测试被测物是否带电，人体同时与手触电极、识别电极接触测试被测物是否带有危险电压。

［根据《专利法实施细则》第23条的规定，说明书摘要应写明实用新型的名称、技术方案的要点以及主要用途，尤其是写明实用新型主要的形状、构造特征（机械构造和/或电连接关系）。摘要全文不超过300字，不得使用商业性的宣传用语，并提交一幅从说明书附图中选出的附图作摘要附图。]

＊注释：示例中中括号（"［］"）里的内容仅为撰写说明，不属于申请文件的内容。申请文件应使用专利局规定的规格为297mm×210mm（A4）的表格用纸，文字应打字或者印刷，字高应在3.5mm至4.5mm之间。

外观设计专利申请书（撰写示例）①

请按照本表背面"填表注意事项"正确填写本表各栏			此框内容由专利局填写		
⑥使用该外观设计的产品名称	冰箱			①申请号（外观设计）	
				②分案提交日	
⑦设计人	王和平			③申请日	
				④费减审批	
				⑤挂号号码	
⑧申请人	第一署名申请人	姓名或名称　王和平			
		单位代码或个人身份证号　330＊＊＊＊＊＊＊＊＊＊＊149			
		国籍或居所地国家或地区　中国		电　话　0571—87＊＊＊＊21	
		地址	邮政编码　310008	省、自治区、直辖市名称　浙江	市（县）名　称　杭州市
			城区（乡）、街道、门牌号　杭州市＊＊路1000号		
	第二申请人	姓名或名称			
		国籍或居所地国家或地区		电　话	
		邮政编码		地　址	
	第三申请人	姓名或名称			
		国籍或居所地国家或地区		电　话	
		邮政编码		地　址	
⑨联系人	姓　名　王和平			电　话　0571—87＊＊＊＊21	
	邮政编码　310008			地址　杭州市＊＊路1000号	
⑩确定非第一署名申请人为代表人声明　　特声明第＿＿＿署名申请人为申请人的代表人					
⑪代理	代理机构	名　称		代　码	
		邮政编码		电　话	
		地　址			
	代理人1	姓　名		代理人2	姓　名
		工作证号			工作证号
		电　话			电　话

---

①　摘录自国家知识产权局网站，网址：http://www.sipo.gov.cn/sipo/zlsq/zlsqzxsl/200605/t20060510_99539.htm。

续前表

⑫分案申请	原申请号：	针对的分案申请号：	原申请日：年 月 日
⑬使用该外观设计的产品名称	冰箱	⑭产品所属类别	15－07

⑮要求优先权声明	在先申请国别或地区	在先申请日	在先申请号	⑯不丧失新颖性宽限期声明	□已在中国政府主办或承认的国际展览会上首次展出 □已在规定的学术会议或技术会议上首次发表 □他人未经申请人同意而泄露其内容

⑰申请文件清单 1. 请求书　　　　2份　每份2页 2. 图片或照片　　2份　每份2页 3. 简要说明　　　2份　每份1页 图片或照片每份　2页　共6幅	⑱附加文件清单 □费用减缓请求书　　　　　　__份　每份__页 □费用减缓请求证明　　　　　　__份　每份__页 □转让证明　　　　　　　　　　__份　每份__页 □专利代理委托书　　　　　　　__份　每份__页 □在先申请文件副本　　　　　　__份数　共__ □在先申请文件副本首页译文　　__份　每份__页 □原申请文件副本　　　　　　　__份　每份__页 □其他证明文件（注明文件名称）
⑲全体申请人或专利代理机构签章 2006年12月1日	⑳专利局对文件清单的审核 年 月 日

示例说明

1. 使用外观设计的产品名称

使用外观设计的产品名称应当简短、准确地表明请求保护的产品。该名称以 1~10 个字为宜,不得超过 20 个字。

产品名称应符合下述要求。

(1) 产品名称一般应当符合国际外观设计分类表中小类列举的名称。

(2) 产品名称应当与外观设计图片或者照片中表示的产品相符合,本示例的产品名称不应写成"冰柜"或"冰桶"。

(3) 下述名称应当避免使用:

(i) 含有人名、地名、国名、单位名称、商标、代号、型号或以历史时代命名的产品名称。本示例产品名称不应为"科迪牌冰箱"。

(ii) 概括不当、过于抽象的名称,例如"文具"、"炊具"、"乐器"、"建筑用物品"等。

(iii) 描述技术效果、内部构造的名称,例如"节油发动机"、"人体增高鞋垫"、"装有新型发动机的汽车"等。本示例产品名称不应为"具有除菌功能的冰箱"。

(iv) 附有产品规格、大小、规模、数量单位的名称,例如"21 英寸电视机"、"中型书柜"、"一副手套"等。本示例产品名称不应为"256L 冰箱"。

(v) 以产品的形状、图案或色彩命名的名称,例如"棱形尺"、"带有熊猫图案的书包"、"红色外衣"等。本示例产品名称不应为"双门蓝色冰箱"。

(vi) 省略不当的名称,例如"棋盘"不能写成"棋","玩具汽车"不能写成"汽车"等。

(vii) 以外国文字或无确定的中文意义的文字命名的名称,例如"克莱斯酒瓶"。但已经众所周知并且含义确定的文字可以使用,例如"DVD 播放机"、"LED 灯"、"USB 集线器"等。

2. 产品所属类别

申请人应当在第 14 栏内写明产品所属类别,即该产品在国际外观设计分类表中的类别。申请人不明确该产品所属类别的,应当写明产品所属领域、用途、使用方法或使用场所。以便于分类员对该产品确定准确的分类号,利于外观设计专利权的保护。例如一种本身并无制冷功能的保温容器,其通用名称也是冰箱,但其分类号应为 07-07,如果申请人不写明该产品所属类别或技术领域、使用场所,分类员有可能将其分至 15-07 类。

外观设计图片或照片（撰写示例）

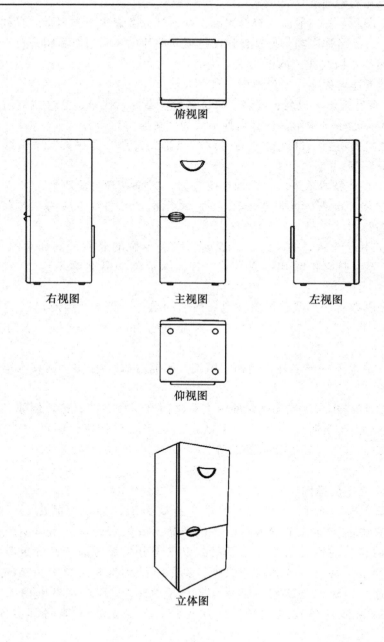

学习单元五　企业知识产权管理中的法律事务处理

示例说明

外观设计的视图分绘制视图和照片视图两类，本示例属于绘制视图。

图片应当参照我国技术制图和机械制图国家标准中有关正投影关系、线条宽度以及剖切标记的规定绘制，并应当以粗细均匀的实线表达外观设计的形状。不得以阴影线、指示线、虚线、中心线、尺寸线、点划线等线条表达外观设计形状。可以用两条平行的双点划线或自然断裂线表达细长物品的省略部分。图面上可以用指示线表示剖切位置和方向、放大部位、透明部位等，但不得有不必要的线条或标记。图片应当清楚地表达外观设计。

图片可以使用包括计算机在内的制图工具绘制，但不得使用铅笔、蜡笔、圆珠笔绘制，也不得使用蓝图、草图、油印件。对于使用计算机绘制的外观设计图片，图面分辨率应当满足清晰的要求。彩色图片应采当用着色牢固、不易褪色的颜料绘制。

申请人应当就每件外观设计产品所要求保护的内容提交有关视图，清楚地显示请求保护的对象。对于立体外观设计产品，产品设计要点涉及六个面的，应当提交六面正投影视图；产品设计要点仅涉及一个或几个面的，应当至少提交所涉及面的正投影视图和立体图。对于平面外观设计产品，产品设计要点涉及一个面的，可以仅提交该面正投影视图；产品设计要点涉及两个面的，应当提交两面正投影视图。另外，为更清楚地表达外观设计，必要时可根据情况提交展开图、剖视图、剖面图、放大图、变化状态图以及使用状态参考图等。

应在各视图的正下方标注视图名称，视图名称是指主视图、后视图、左视图、右视图、俯视图、仰视图、立体图、展开图、剖视图等。

图形的尺寸不得小于3厘米×8厘米（细长物品除外），也不得大于15厘米×22厘米，并应当保证图形缩小到三分之二时产品外观设计的各个设计细节仍能清晰可辨。

各正投影视图比例应一致，投影关系应对应。

视图中不应出现阴影线、指示线、虚线、中心线、尺寸线等，视图线条应均匀光滑，不能过细或呈锯齿状。

视图的摆放方向应如下图所示。

本示例中产品为立体产品，由于产品的背面为不常见面，设计要点不涉及该面，所以未提交后视图，但同时提交了立体图。

本示例中的绘制视图，尺寸适当、比例一致、视图名称标注正确、视图之间投影关系对应、视图线条均匀、光滑、清晰，没有阴影线、指示线、虚线、中心线、尺寸线等不必要的线条。

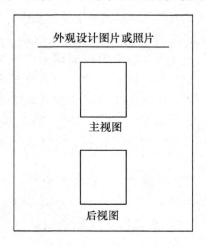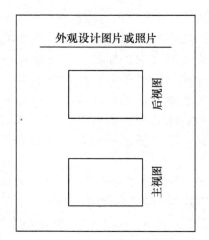

外观设计简要说明（撰写示例）

1. 设计要点不涉及产品的背面，省略后视图。
2. 本外观设计的设计要点在冰箱的拉手。

示例说明

简要说明用来对外观设计产品的设计要点、省略视图以及请求保护色彩等情况进行扼要的描述。因此，仅限下述情况可在简要说明中写明：

（1）外观设计产品的前后、左右或者上下相同或对称的情况，注明省略的视图；
（2）产品的状态是变化的情况，例如折叠伞、活动玩具等；
（3）产品的透明部分；
（4）平面产品中的单元图案两方连续或四方连续等而无限定边界的情况，例如花布、壁纸等；
（5）细长物品的长度采用省略画法；
（6）产品由具有特殊视觉效果的新材料制成；
（7）请求保护的外观设计包含色彩；
（8）新开发的产品的所属领域、用途、使用方法或使用场所；

(9) 设计要点及其所在部位；
(10) 外观设计产品属于成套产品或组件产品的，应当写明，对于成套产品，必要时还应当写明各套件所对应的产品名称。

简要说明不得使用商业性宣传用语，也不能用来说明产品的性能和内部结构。

在本示例中，申请人未提交后视图，所以在简要说明中陈述省略后视图的原因，即"设计要点不涉及产品背面，省略后视图"。由于该冰箱的主要创作部位在拉手，所以简要说明中指出"设计要点在冰箱的拉手"。

学习单元六　企业在行政规制中的法律事务处理

学习目的与要求

通过本单元的学习和训练，应能够掌握企业经营过程中各种行政许可事项的分析判断方法，并能够承办许可证申领相关事务；了解接受行政检查需要注意事项及应对方法，能够采取合理措施协助企业应对行政检查及行政处罚，必要时依法提起行政复议。

学习重点与提示

企业需要办理行政许可事项的分析；应对行政检查的方法；企业行政维权措施的选择。

学习情境一　办理行政许可的相关事项

行政许可是指行政机关根据公民、法人或者其他组织的申请，经依法审查，准予其从事特定活动的行为。法律规定须经行政许可的事项，当事人必须向特定行政机关申请并获得批准后才可以从事相应的行为和活动。

随着社会主义市场经济体制的建立和政府职能的转变，特别是以规范行政许可为宗旨的《行政许可法》的颁布实施，涉及企业的行政许可事项总的趋势是越来越宽松，越来越规范；但为了维护国家、社会的公共利益，为了克服市场天生的某些缺陷，政府通过行政许可等多种形式干预市场的运行，规范企业经营仍是市场经济体制不可或缺的组成部分，因此，企业在经营过程中或多或少还会遇到需要申办行政许可的情况。

当下，涉及企业的行政许可的情况大致有三种：

一是与企业成立、变更登记相关的企业经营资格方面的许可。如名称预登记、前置行政许可经营项目的核准登记等等。这方面的行政许可在第一单元已有介绍，这里不再重复。

二是特定经营行为的行政许可。与第一种许可事项一般是企业持续经营事项不同，这种许可事项通常是企业偶尔进行的某种活动。例如，企业要在公共场所开展一次大型营销活动，就需要办理"大型群众文化体育活动安全许可"；企业聘用外国技术专家的，须申办"外国人入境就业许可"；企业若想延缓报废自有车辆，就须申办"机动车延缓报废审批"。

三是企业聘用的特种行业从业人员资格许可。例如，从事危险货物运输企业不仅要办理企业经营许可证，其驾驶人员、装卸人员、押运人员都要有"从业资格证"。通常，这些证件一般也是要企业负责办理、变更。

工作任务一 申请行政许可

步骤1 确认需要行政许可的事项

确认需要行政许可的事项就是弄清楚企业经营中的哪些行为和事项需要申办行政许可，哪些不需行政许可。之所以要重视这个问题，原因一方面在于企业主营业务活动是不是需要申办行政许可在企业成立时就已明确，但经营过程中偶尔实施的某些经营活动是否需要办理行政许可则不一定很清晰，而且因为其"偶尔"，往往容易让人忽视行政许可问题；另一方面，设定行政许可的法律文件复杂多样，有法律、行政法规、地方性法规，有时还有地方规章。这些法律文件设定的行政许可事项只是相对地稳定，有些时候，有些地方，可能因为客观情况变化会有新的行政许可被创设。

如此一来，企业，特别是企业法务人员必须树立相应的意识，一方面密切跟踪行政许可的立法动态，及时了解掌握立法设定的行政许可事项；另一方面还要积极参与到企业管理中去，及时发现企业需要办理行政许可的事项和行为。

当前，了解立法设定的行政许可事项的途径主要有：(1) 查阅2004年6月29日国务院颁布的《国务院对确需保留的行政审批项目设定行政许可的决定》(国务院令第412号)，以了解全国性行政许可事项。(2) 查阅当地省级以上权力机关或行政机关颁布的地方法规或地方规章，或者向当地相关行政管理部门咨询，以了解地方性行政许可事项。

步骤2 提交行政许可申请

当确认企业某个事项或活动需要办理行政许可后，下一步应根据相关法律、法规的规定确认行政许可的实施机关以及申请的具体手续。通常，在实施行政许可机关的官方网站或办公场所有关于行政许可的事项、依据、条件、数量、程序、期限以及需要提交的全部材料的目录和申请文书示范文本等信息的公示。对这些公示内容有疑问的，可以要求行政机关对予以说明、解释，行政机关应当说明、解释，提供准确、可靠的信息。

根据公示的信息内容，企业评估确认符合要求后，就可以准备相关的材料。其中主要的材料一般有格式文本的申请书和有关情况的佐证材料。然后按照许可机关规定的方式提交申请材料即可。格式文本的申请书可以到实施许可的行政机关官方网站下载或到办事处所领取,按照上面的要求填写。佐证材料要注意保证真实。

步骤3 配合行政机关的审查

行政机关收到申请后,先进行初步审查,根据不同的情形可能分别作出以下几种处理:(1)予以受理;(2)要求更正;(3)限期补正;(4)不予受理。无论哪种情形,申请人应该索要书面凭证,以便采取相应行动。

当行政机关确定受理许可申请后,就进入了对申请的审查程序。审查有形式审查和实质审查两种方式。形式审查主要看申请材料是否齐全,形式是否符合要求;实质审查主要核实申请材料的内容是否真实。在这个过程中,行政机关可能会提出一些要求,或者指派两名以上工作人员进行现场核查,企业应积极配合,及时作出回应,并有权进行必要的陈述或申辩。

步骤4 参与行政许可听证

行政许可听证实质是行政许可机关就一些重大行政许可事项进行审查的一种方式,其为所有具有利害关系的当事人提供表达意见的机会。

行政许可听证的启动有两种情况:一是法律、法规、规章规定,或行政机关认为应该听证的,行政机关主动举行听证;二是行政许可直接涉及申请人与他人之间重大利益的,申请人或利害关系人可以要求听证。无论哪种情况,作为申请人的企业都应积极参与听证,充分地陈述自己的观点和理由,并出具有关证据,就对方当事人提供的证据进行质证,或者就适用的法律或标准问题进行辩论。

行政许可听证有一系列程序要求,一般组织听证的行政许可机关都会书面或口头通知当事人,申请的企业应按照要求去做。许可机关没有通知却认定当事人违反程序失权的,当事人可以据理力争甚至寻求法律救济。

工作任务二 办理行政许可后续事务

步骤1 加强行政许可事项的自律管理

对于被许可的企业来说,行政许可既是一种权利,也是一种义务,所以企业获得行政许可后,必须按照许可的要求从事规定的行为。企业的法务人员应该督促企业业务部门按照许可颁发时的条件开展活动,杜绝下列行为:

(1)涂改、倒卖、出租、出借行政许可证件,或者以其他形式非法转让行政许可资格;

(2) 超越行政许可范围进行活动；

(3) 提供某些公共服务的，不继续保持许可规定的条件、标准提供服务，或者擅自停业、歇业；

(4) 对负责监督检查的行政机关弄虚作假、欺上瞒下；

(5) 从事法律、法规、规章规定的其他违法行为。

步骤2　配合行政机关的监督检查

行政许可之后，行政机关有权对企业从事行政许可活动过程中的行为进行监督检查，企业应当配合。监督检查的内容一般包括企业从事行政许可事项的活动是否符合准予行政许可时所确定的条件、标准、范围、方式以及是否履行法定义务等，监督检查的方式主要有书面检查和实地检查。

书面检查是指行政机关通过核查反映企业从事行政许可事项活动情况的有关资料，履行监督责任。对于能够通过核查有关材料可以达到监督管理目的的，行政机关应当以书面检查方式进行。实地检查是行政机关根据检查需要指派工作人员到企业现场检查行政许可的实施情况。

行政许可的监督检查是企业经常面对的行政监督检查的其中一种，如何应对这些监督检查下文介绍，这里不再展开。

步骤3　应对检查后的处理决定

行政机关进行行政许可的检查后总会针对检查了解的情况作出一定的处理决定，可能是行政奖励，也可能是维持现状（不作任何处理的"处理"），还可能是行政处罚。行政处罚的种类又有可能是中止许可、变更许可的内容、宣告许可无效、撤销许可等。对于那些对企业有利的或无不利的处理决定，企业当然愉快加以接受；对于不利的处罚决定，企业一般要据理力争，可以申辩，可以申请行政复议，甚至提起行政诉讼。究竟采取什么对策，由企业决策层权衡利弊后作出，法务人员提供分析意见。这其中具体的工作及其步骤下文进一步介绍。

学习情境二　接受日常行政管理监督

除了上文提到的行政许可监督检查外，企业在生产经营过程中还有很多行为活动都涉及行政管理监督问题。如会计核算的财政、审计、税务监督管理，生产活动的质量、安全、消防、环保监督管理，市场交易的价格、工商、知识产权监督管理，劳动合同监督管理，等等。对这些行政管理监督，企业一方面要认识到它是维护社会秩序和公共利益的需要，应积极予以配合；另一方面，还要认识到作为行政相对人在其中享有一系列权利，法务人员应发挥自己的专业作用,依法维护企业的权益。

工作任务一　应对日常行政监督检查

步骤1　确认检查机关及检查人员的权限

行政主体对社会以及企业的行政管理活动的基本要求是依法行政,对企业生产经营的各种检查要求也不例外。而依法行政首先体现在执法的行政主体享有法律规定的,按照职能、地域、级别划分的相应的职权。换句话说,不是随便一个行政主体都可以对企业的任何业务或活动有监督检查权。所以,对于到企业进行某项行政检查的行政主体,企业应确认来者有无相应的职权,若有,则应热情接待、积极配合,若无,则应当拒绝。

行政主体的行政检查系委派工作人员进行的,所以,企业面对行政检查不仅要确认检查的行政主体有没有相应的职权,还应确认该工作人员是不是实施职务行为。这点在行政现场检查时有着特别意义。一般行政现场检查由两名以上工作人员共同进行,行政机关工作人员应当向企业出示合法、有效的行政执法证件,并交付实地检查通知书。企业可以应要求查验这些证件,若手续不全,企业可以拒绝。

步骤2　配合正当检查

企业应当满足行政主体的正常要求。由于不同的行政机关对企业配合的要求不同,企业法务人员应协助企业领导和业务部门根据相关的法律规定,分析了解行政机关的哪些检查要求和手段是正当的、合法的。如以税务检查为例,根据《中华人民共和国税收征收管理法》的第54条之规定,税务机关有如下的检查权限:可以检查企业的账簿、记账凭证、报表和有关资料;到企业的生产、经营场所和货物存放地检查企业应纳税的商品、货物或者其他财产和责成企业提供与纳税或者代扣代缴、代收代缴税款有关的文件、证明材料和有关资料等等权限。那么在税务检查过程中,企业遇有税务机关的上述要求的,企业就应当满足。

步骤3　拒绝违法要求

借行政检查之名行徇私舞弊、中饱私囊之实在现实中并不少见,这也是很令企业头疼的事情。从法律上讲,这种事情企业可以也应当拒绝。如行政主体或其工作人员在检查时向企业收取额外的费用、将检查费用转嫁给企业、在被检查企业报销费用以及通过检查工作为本人、亲友或者他人谋取利益,等等。但是,企业也不可能生活在纯净的真空中,热情待客、营造良好的经营环境也是必要的,所以,在处理与行政主体的关系上,既要有原则性又要有灵活性。企业法务人员必须在其中权衡把握合法、合理与违法、犯罪的界限,并向企业领导提供中肯意见。

工作任务二 应对行政处罚

行政处罚是行政管理检查可能伴随的一个后果,它将对企业产生重大影响,必然为企业所重视。如何应对行政处罚将主要是法务人员要做的工作,或者企业领导将主要听取法务人员的意见。为此,法务人员应按下面步骤开展工作。

步骤1 审查行政处罚的事实依据

行政机关作出行政处罚必须在查清事实基础之上,违法事实不清的,不得给予处罚;并且在处罚作出之前应当告知被处罚人处罚所依据的事实。所以,若欲推翻一个行政处罚,釜底抽薪的办法就是推翻处罚所依据的事实。这个"依据的事实"有两个层面的问题,一是其符不符合客观的真实;二是其有没有相应的证据佐证。法务人员在审查时应该从这两个方面入手并收集相反的证据来达到目的。

步骤2 审查行政处罚的法律依据

行政机关要对企业进行行政处罚,一定要有法律依据,即《行政处罚法》及相关法律的规定,否则即为违法。那么被处罚企业就得审查行政机关作出行政处罚的法律依据,有无适用法律错误,从而加重了行政处罚或者不应受行政处罚而受到行政处罚等情形。在该步骤中要注意有无以下情况:

(1) 审查行政机关有无管辖权。根据《行政处罚法》第20条规定,行政处罚由违法行为发生地的县级以上地方人民政府具有行政处罚权的行政机关管辖。法律、行政法规另有规定的除外。依此审查,若实施处罚的机关无管辖权的,其做出的处罚当然无效。

(2) 审查行政机关依据的法律法规是否有权设定相关的行政处罚,若无权,那么行政机关就不能以其为依据对企业进行行政处罚。

(3) 审查行政机关的处罚有无超过追究的时间。《行政处罚法》第29条规定,"违法行为在二年内未被发现的,不再给予行政处罚。法律另有规定的除外。前款规定的期限,从违法行为发生之日起计算;违法行为有连续或者继续状态的,从行为终了之日起计算。"企业收到行政处罚告知书时,应当审查受到行政处罚的行为是否已经过了发生之日起两年,有无存在连续或者继续的状态,如果没有,企业应当在陈述申辩书中就该点向行政机关进行陈述申辩。

(4) 审查行政机关有无对企业的同一个违法行为,给予两次以上罚款的行政处罚。

步骤 3　审查行政处罚的程序

行政机关应当按照《行政处罚法》及相关的法律规定的行政处罚的程序，实施行政处罚。行政处罚的一般程序包括以下几个步骤：(1) 立案。(2) 调查取证。(3) 听取申辩与听证。行政机关在调查取证之后和做出行政处罚裁决之前，应告知被调查人，根据已掌握和认定的关于被调查人的违法事实，准备对之做出处罚裁决的理由和依据，并应给予被调查人以申辩的机会。行政机关根据调查取证认定的事实，如果将对被调查人作出吊销营业执照、责令停产停业等涉及企业法人生存权的行政处罚以及数额较大的罚款等行政处罚，还应告知当事人有要求举行听证的权利。当事人要求听证的，行政机关还应当依法组织听证。(4) 作出处罚决定，制作并送达行政处罚决定书。

在审查行政处罚的程序时应当注意以下几个问题：

(1) 审查行政机关在作出行政处罚之前有无告知处罚依据的事实、理由以及当事人依法享有的陈述、申辩等权利。这是《行政处罚法》规定的强制性程序，也是对被处罚企业影响甚大的程序。若行政机关违背了该程序，则行政处罚不成立。

(2) 审查行政机关的行政处罚有无因企业进行陈述、申辩而加重处罚的情形。根据《行政处罚法》的规定，陈述、申辩是法律赋予被处罚企业的强制性权利，"行政机关不得因当事人申辩而加重处罚"。

(3) 行政机关有无针对责令停产停业、吊销许可证或者执照、较大数额罚款等行政处罚履行听证程序。如果行政机关在作出行政处罚之前，应该通知听证、举行听证而没有听证的，行政处罚也不能成立。因此企业对于听证程序一定要把好关，维护好自身的合法权益。

步骤 4　商讨应对行政处罚的方案

经过以上三个步骤的分析，一项行政处罚是否正确基本上比较清晰了。根据分析结果，企业可以采取的对策一般有两种：一是接受处罚，该交罚款的就交罚款，该被没收财物的上缴财物，该停产的停产。否则，行政机关可以强制执行或者申请法院强制执行，这就加大了企业的违法成本。二是不服行政处罚，企业可以通过行政复议或者行政诉讼维护自身的合法权利。

一般情况下，企业的对策应根据对行政处罚的分析判断进行选择，认为处罚正确的给予接受，认为处罚错误的提起法律救济。但也不尽然，有时可能会因种种考虑，明知错误的给予接受，或者明知正确的拒绝接受，寻求法律救济。对此，法务人员只提供法律分析意见，决定由企业领导做出。

工作任务三　申请行政复议

对行政处罚不服寻求法律救济的，可以提起行政诉讼或申请行政复议。

行政诉讼虽然有一些自己的特殊规则,但总体上与一般的民事诉讼差别不大,因此,在两种诉讼中,企业和法务人员要做的工作也大体差不多。关于诉讼中的事务处理我们将在学习单元 8 中介绍学习,本单元只介绍如何申请行政复议。

还要注意的是,企业申请行政复议,行政复议机关已经依法受理,或者法律、法规规定应当先向行政复议机关申请行政复议、对行政复议决定不服再向人民法院提起行政诉讼的,在法定行政复议期限内不得向人民法院提起行政诉讼。如若企业已经就具体行政行为向人民法院提起行政诉讼,人民法院已经依法受理的,不得同时申请行政复议。

步骤 1　分析申请行政复议的可行性

根据《行政复议法》的规定,只有对行政机关做出的违法、不当的具体行政行为才可以申请行政复议。所以,申请行政复议首先要分析行政机关的行为是不是具体行政行为。一般来说,行政机关做出的行政处罚都是具体行政行为,但有时企业可能还要对其他的行政行为申请复议,而该行为又比较复杂的,则要对照《行政复议法》第 6、7、8 条规定和运用行政行为理论进行分析,确认该行为的可复议性。这种分析是法务人员的当然工作。

步骤 2　确认被申请人

确认了行政机关的行政处罚或其他行为是具体行政行为,可以申请复议后,下一步就是得确认以哪个机关为被申请人。一般来说,作出该具体行政行为的行政机关为被申请人。例如行政机关对某企业处以行政处罚,发给企业一份行政处罚决定书,在该行政处罚决定书盖章的行政机关即为被申请人。但有时可能会有两个以上机关共同作出行政行为,或者是行政机关派出机构、委托组织、内设机构作出行政行为,或者作出行政行为的行政机关被撤销了等复杂情况,谁是被申请人就要根据《行政复议法》和《行政复议法实施条例》进行分析确认。

步骤 3　确认复议机关

复议机关一般是被申请人的上一级行政机关或者被申请人所属的本级人民政府,但若有两个以上机关共同作出行政行为,或者是行政机关派出机构、委托组织、内设机构作出行政行为,或者作出行政行为的行政机关被撤销了等复杂情况的,谁是复议机关也要根据《行政复议法》和《行政复议法实施条例》进行分析确认。

步骤 4　准备申请材料

企业准备提起行政复议申请,一个重要的步骤就是准备申请材料,包括准备行政复议申请书以及相关的证据材料。

1. 准备行政复议申请书

行政复议申请书主要包括以下内容：(1) 企业的基本情况，企业的名称、住所、邮政编码和法定代表人或者主要负责人的姓名、职务；(2) 被申请人的名称；(3) 行政复议请求、行政复议申请依据的主要事实和理由；(4) 企业的公章；(5) 申请行政复议的日期。

其中正文部分的复议请求和事实、理由要精心撰写。请求部分的内容要简洁扼要概述案情，然后写明不服哪个行政机关的什么具体行政行为，及请求复议的目的要求。事实和理由部分，应该写明证明自己请求复议的事实、证据以及法律依据。该部分表述可以采用夹叙夹议的写法。说道理应该依据事实，阐述事实围绕法律依据。语言风格尽量简洁、平和、诚恳。

2. 准备证据材料

行政复议实行证据倒置规则，一般是由被申请人即做出具体行政行为的行政机关对该具体行政行为的合法性与合理性提供证据。但申请人不应据此就可以忽视证据的收集和提供。通常，申请人应重视收集并提供下列证据：(1) 反驳被申请人证据的证据；(2) 认为被申请人不履行法定职责的，申请人曾经要求被申请人履行法定职责而被申请人未履行的证据；(3) 申请行政复议时一并提出行政赔偿请求的，因受具体行政行为侵害而造成损害的证据。

步骤5　参与复议过程

行政复议原则上采取书面审理，特殊情况下复议机关可能会实地调查或采取听证的方式审理。无论实际采取了什么方式，作为申请人的企业及其承办的法务人员都要密切跟踪复议的进程，对出现的各种情况以及复议机关的要求及时做出反应，力争最有利于企业的结果。

法律法规指引

1. 《行政许可法》(全国人民代表大会常委会)
2. 《行政处罚法》(全国人民代表大会常委会)
3. 《行政复议法》(全国人民代表大会常委会)
4. 《行政诉讼法》(全国人民代表大会常委会)

模拟训练

【示例1】学习掌握行政许可的申请

【案情简介】 单元一"示例1"成立的杭州奇威特玻璃有限公司经营一段时间后，生意逐渐有了很大起色，每天进出货物流逐渐增多。以前货运是委托货运公司，为了方便和效率，公司领导决定自己购买两辆货车运输本公司的原材料和产品。法务接受了协助销售部办理此项事务的任务。

若某一天，公司货车在运输自己货物时被交警检查，并被以没有运输许可证擅自非法营运为由罚款 5 000 元。法务接到该罚单，该如何处置？

【问题与提示】

1. 确认该事项是否需要办理行政许可以及什么行政许可，并办理相关申请材料文件。

2. 确认此业务是否需要办理工商变更登记，并制作相关手续材料文件。

3. 思考应对行政处罚可能的方案以及与公司领导沟通此事的策略。

【示例2】学习掌握行政许可的申请

【案情简介】为了提高公司产品的声誉，杭州奇威特玻璃有限公司经营层决定在杭州市武林广场开展一次产品展销活动，并指定公司销售部门和法务共同配合负责完成此项任务。销售部门与法务协商后确定，销售部门负责展销方案策划和落实，法务负责方案合法合规的审查和其他事项的配合。

【问题与提示】

1. 思考此次活动需要办理什么行政许可，并制作相应申请材料文件。

2. 思考此次活动民事法律上防止侵害他人权益需要注意事项。

【示例3】学习掌握行政处罚的应对方法

【案情简介】杭州奇威特玻璃有限公司的一辆货车司机马某受本单位领导指派运送一车货物到某地后，回来路上利用空车之便私自为一货主往杭州市主城区某建筑工地运送白灰膏。由于密封不严，槽缝泄漏，造成沿途路面大面积污染。其中，江干区的三路段被污染达 2 万平方米；下城区的两个路段被污染达 1 万平方米。两个区的交警部门分别指派一名交警携带一名协警寻迹追踪，终于将这一严重污染案件查清。根据查清的事实，两个区交警部门分别依法对车辆所属公司罚款 10 000 元、车辆暂扣的处罚，对司机做出扣分十二分的处罚。根据《行政处罚法》的规定，江干区的交警在做出处罚决定时，口头告知司机有要求举行听证的权利。司机当即要求组织听证，交警通知其次日下午到交警队参加听证。司机因害怕公司追究责任就没有通知公司，而是想自己解决问题。听证由作出处罚的交警张某主持，马某进行了申辩和质证，并在听证笔录上签字，同时马某按照交警队的要求交纳了听证费用 200 元。听证结束后，交警维持了原来的决定，并制作了行政处罚决定书，寄送给了公司。下城区交警队事后直接向公司寄送了处罚决定书。公司接到两个处罚书后,向司机核实了有关情况后,将此事交给法务处理。

【问题与提示】

1. 审查此案处罚主体是否合法,并说明理由。
2. 审查此案处罚程序是否合法,并说明理由。
3. 审查此案处罚实体是否合法,并说明理由。
4. 分析此案法律救济的途径,并说明理由。
5. 分析此案公司与司机马某各自承担什么责任,通过什么途径予以解决。

学习单元七　企业人力资源管理的法律事务处理

学习目的与要求

通过本单元的学习与训练，应了解企业人力资源管理工作的主要内容，掌握对各种人力资源管理做法合法合规分析的方法，能够协助企业人事部门依法处理好各种人力资源管理事务。

学习重点与提示

员工招录规范主要内容；人事管理制度合法的基本要求；员工离职产生的各种权利与义务分析方法。

企业人力资源管理，包括员工的招录、在职和离职管理等一系列工作，是由企业人事部门具体负责，法务人员主要是参与、协助，对各项工作的做法进行法律上的审查把关。

学习情境一　参与员工招录工作

工作任务一　规范员工招录方式

步骤1　审查招聘信息的发布

在现今人力资源市场化的环境下，企业招录员工的方式日益多样化：有时企业已经有了明确的心仪招录对象，一般就直接与该对象协商聘用的条件；有时企业需要某种特殊的人才，也可以通过"猎头"去寻找。向社会公开发布信息公开招聘是企业招录员工最常见的一种方式，发布的途径有网络、人才市场、新闻媒介等。发布的信息内容原则上根据企业意愿和需要拟订，一般包括用人单位的情况、招聘岗位的情况和对应聘者的要求，但不得有下列内容：

1. 与拟聘岗位的性质、需要无关的歧视性要求

如对民族、种族、地域、性别、宗教、残疾、传染病病原携带者、农村劳动者作出特别的歧视性规定。这种规定是违反《劳动法》和《就业促进

法》的。

2. 虚假的招聘信息

首先，招聘行为本身应该真实。现在有一些企业没有招聘意思却到处发布招聘广告，虽然一时提高了"知名度"，但实际上留下了长期的"臭名声"，这是得不偿失的做法。

其次，信息的内容应该客观真实。曾经有企业为了追求所谓的"轰动"效应，打出"年薪100万招聘市场销售经理"的广告，实际上根本没有兑现的打算，结果被媒体揭穿，企业声誉受到极大的影响。

发布歧视性、虚假性招聘信息可能的风险有：（1）被应聘者投诉甚至起诉；（2）被主管机关处罚。无论哪种情况发生，都是企业不愿见到的，所以，法务人员一定要提醒或协助招聘人员审慎拟订相关的信息。

步骤2　规范核实应聘者的信息

企业招聘时有权了解应聘者与劳动合同直接相关的基本情况，应聘者应当如实说明。但究竟什么是与劳动合同直接相关的基本情况，法律没有明确的规定，一般是根据经验法则判断。通常企业为了防范法律风险需要了解的应聘者信息包括年龄、身份、学历、从业资格、工作经历、工作能力、身体状况、与其他单位是否存在劳动关系、与其他单位是否存在竞业限制协议等等。与劳动合同无关的涉及个人隐私的信息企业无权强制性要求应聘者提供。

因审核以上信息不严可能会面临的风险主要有：

（1）招录了不适合员工，不仅提高了用工成本，有时可能还耽误事业进展；

（2）若企业招用童工将面临严厉的行政处罚；

（3）若企业招用了患有疾病的员工，在规定的医疗期内不能解除劳动合同，还要给予相应的待遇，提高了用工成本；

（4）若招用尚未解除劳动合同的劳动者，对原用人单位造成经济损失的，企业将有可能要承担连带赔偿责任；

（5）若企业招用对原单位负有竞业限制义务的劳动者，给原单位造成损失的，企业可能会被追究连带赔偿责任。

步骤3　选择核实应聘者信息的正当手段

对应聘者信息的了解核实可以在面试、决定录用时，或签订合同时，乃至录用后进行。

因为法律没有规定应聘者主动告知的义务，所以企业需要主动去询问或主动采取合法正当的手段去了解。但不得采用一些诸如跟踪、窃听、偷窥，以及设计一些有辱人格的问卷或考核场景等等损害应聘者合法权益、扰乱正常社会秩序的手段。

实践中常用的合法正当的手段主要包括：

(1) 要求应聘者提供由企业制作的，内含企业希望了解并与劳动合同直接相关的劳动者所有关键信息栏目的格式表格，并书面签字承诺信息的真实性和准确性，同时注明对提供虚假信息的行为应承担相应的法律后果。

(2) 要求应聘者出示身份证、学历证书、资格证书和获奖证书等的原件，并提供这些证件的复印件。

(3) 上相关的网站查询。比如通过 http：//www.IP138.com/可以对身份是否真实进行查询，通过 http：//www.chsi.com.cn/可以对学历是否真实进行查询。

(4) 要求应聘者在入职前到指定医院体检，然后查验医院直接提供给单位应聘者的体检报告，以了解其真实健康情况。

(5) 要求应聘者提供上一家单位出具的离职证明；对于自称为新参加工作的应聘者，要求其提供应届大中专毕业的毕业证书和报到证等，以确认应聘者与其他企业不存在劳动关系。

(6) 要求应聘者书面承诺其与原单位不存在竞业限制协议和劳动关系。或者直接致电应聘者以前的工作单位，以了解应聘者是否与其他企业存在劳动关系和竞业限制协议。

(7) 委托专门的中介机构核实。

工作任务二　规范员工录取手续

步骤1　规范录用通知的发放

录用通知的方式可以是电话、电邮、电传等等，但邮寄录用通知书比较正式，所以特别需要注意。录用通知书一般具有要约性质，一旦发出即对用人单位具有法律约束力，不得随意反悔和更改，故用人单位发出录用通知书要慎重。

为防范法律风险，企业的法务人员可提出以下几点建议：

(1) 对于企业录用意向尚不是100%确定的应聘者，文书的标题应为"录用意向书"而不是"录用通知书"，以便给企业留下反悔的余地。

(2) 可以在录用通知书上明确列明录用通知书失效的条件，便于在劳动者出现失效条件时拒绝其入职。

(3) 对于用人单位极需的人员，用人单位可以在录用通知书上约定违约责任，让应聘者当场签收录用通知书并做出同意录用通知书条款的承诺以示郑重，但这种违约责任约定有无法律效力是有争议的。

步骤 2　诚信告知工作岗位信息

无论应聘者是否要求，用人单位都应主动如实地向劳动者说明法定的告知内容。若应聘者对其他信息也有了解的需求，在应聘者提出询问时用人单位也应予以客观地说明。

法定应告知应聘者的内容在《劳动合同法》第8条中有规定，主要包括劳动者的工作内容、工作条件、工作地点、职业危害、安全生产状况、劳动报酬等；其次要掌握好履行告知义务的时间必须在签订合同之前；更重要的一点是最好留存履行告知义务的书面证据。

步骤 3　审查劳动合同条款

从理论上说劳动合同条款需双方协商确定，但实务中大多由企业提供格式合同供劳动者签署。劳动合同的范本可以到当地劳动部门的网站上下载，不过由于每个企业和每个劳动者的具体情况、每个岗位的性质特征等都不同，企业还是应该考虑自身管理的特殊需要，根据自身特点设计一个个性化的文本。但个性化的劳动合同文本必须是合法的，这就需要法务人员进行审查。

1. 审查劳动合同是否完备

依据法律规定，劳动合同中必须具备的条款有劳动合同期限条款、工作内容和工作地点条款、工作时间和休息休假条款、劳动报酬条款、社会保险条款、劳动保护、劳动条件和职业危害防护条款等。

在实践中，为了防范法律风险，降低用工成本，企业一般会根据自身和劳动者的具体情况增加约定条款，主要有：试用期条款、培训服务期条款、商业秘密保护与竞业限制条款、补充保险、福利待遇和其他事项等等。

2. 审查劳动合同条款的合法性

对劳动合同条款合法性审查的基本方法和原则是：

（1）凡《劳动法》、《劳动合同法》以及其他法律法规和规章有强制性规定的，一定要按照有关规定执行。比如对于劳动者的休息时间、社会保险的缴费基数和缴费比例、劳动保护和劳动条件等内容均有法律或当地政府规定，因此企业进行条款设计时发挥余地很小，一般在条款中表述为"甲方（指企业）按照国家法律及当地规定执行"即可。又如《劳动合同法》第14条规定了强制订立无固定期限劳动合同的情形，企业设计劳动合同期限条款时遇到这些情形应依法执行。再比如企业若约定试用期条款，试用期的期限、试用期内的工资等都必须符合《劳动合同法》第 19 条和 20 条的规定。

（2）对于需要审查批准的条款内容必须事先审批，经批准后方可签署实行。比如企业若对某些特殊工作岗位需要选择不定时工作制和综合计算工时工作制，必须事先去当地劳动行政部门审批，经过批准后才能实行。

（3）合同条款内容应尽可能详细、明确。

例如，为了既保证企业在薪资上的自主权又不违反法律的规定，在劳动报酬条款中约定复合式薪资结构应成为企业的首选，该条款在设计过程就需详细明确。在具体操作上，企业应当将劳动报酬的一部分作为固定工资，并在劳动合同中明确约定；同时增大工资中与业绩考核相关部分的比例，这部分工资在合同中并不约定具体数额，而是与劳动者约定按业绩考核发放。

又如，涉及职业危害的内容，企业最好将其内容写入劳动合同，以明确企业确已事先告知劳动者。

再比如，与销售人员、售后服务人员等需要经常变换工作地点的劳动者签订劳动合同，约定的工作地点应尽量宽松一点，可以约定几个工作地点。

步骤 4 规范劳动合同的签订和入职手续的办理

为了降低法律风险，企业签订劳动合同和办理入职手续应依循一定的流程，按照时间顺序该流程可以分为以下几步：

（1）企业提供《劳动合同》文本让应聘者仔细阅读并回答他们的疑问，对条款有疑义的还可以再沟通确定。

（2）双方就合同条款协商一致以后，企业可以要求劳动者先签字，再由用人单位统一对劳动合同进行代表签字及盖章确认。这样的签署方式可以避免事实劳动合同的发生。

（3）将双方均已签署的劳动合同交付给劳动者一份。对已经收到劳动合同的劳动者要求其在《劳动合同签收表》上签名以证明企业确已履行交付合同的法定义务，也便于进行登记、统计。

（4）签署完劳动合同后，方可办理劳动者的入职手续。该手续包括员工入职登记、提交入职材料、办理报到等。

（5）企业依法建立职工名册以备查。职工名册的制作要求依据《劳动合同法实施条例》的规定。

在劳动合同的签订过程中法务人员需要特别提醒具体操作人员注意以下问题：

（1）避免随意用工或因疏忽、过失不签劳动合同；

(2) 不得扣押劳动者证件；
(3) 不得要求劳动者提供担保，或缴纳保证金、押金；
(4) 避免将雇佣、承包一类的经济关系模糊成劳动关系。

学习情境二　规范员工在职管理

从劳动关系角度考虑，员工在职管理的法律性事务主要有两项内容：

一是严格履行企业与职工签订的劳动合同。其中核心内容是按照合同规定向员工提供岗位及相应的劳动条件、支付工资福利、缴纳各项社会保险；同时企业也有权按照合同要求员工履行相应的劳动义务。这项工作相对比较简单，并且保障其合法性的关键在于签订劳动合同时的审慎规范，所以这里不再展开叙述。

二是制定、执行企业规章制度。虽然企业规章制度不是直接针对某个员工个体，但它又与企业每个在职员工利益息息相关，企业与员工之间的劳动法律关系就是由劳动合同和规章制度共同支撑架构的。所以，制定、执行企业规章制度是在职员工劳动人事管理一项日常性主要内容，而且其中牵涉法律上的问题多而复杂，需要给予足够重视，我们这里也将其作为重点进行学习。

工作任务一　审查劳动用工规章制度

企业劳动用工规章制度可以说是企业内部的"法律"，贯穿于企业的整个用工过程，是企业行使管理权的重要依据。但这有一个基本前提，即企业制定的规章制度是合法有效的。实践中常有企业尽管规章制度制定得非常详尽完整，但却在发生劳动争议时因内容或程序方面有与法律规定相悖之处而被劳动争议仲裁机构或法院否定其法律效力，导致企业最终败诉。

那么企业劳动用工规章制度怎样才是合法有效的呢？下列几个环节甚为关键：

步骤1　审查规章制度制定程序的合法性

根据《劳动合同法》及最高人民法院的司法解释等相关规定，企业在制定、修改或者决定直接涉及劳动者切身利益的劳动报酬、工作时间、休息休假、劳动安全卫生、保险福利、职工培训、劳动纪律以及劳动定额管理等规章制度或者重大事项时，必须经过以下程序：

1. 制定规章制度草案

企业可以依据本单位的生产经营情况，制定符合企业实际的各项具有操作性的规章制度草案。

实践中，企业制定规章制度时一般是授权人力资源管理部门或者行政部门起草，但是规章制度在发布时一定要以企业的名义，否则，将面临制定主体不适格的法律风险。

2．提交职工代表大会或者全体职工讨论

企业有职工代表大会制度的，应当将规章制度的草案交由职工代表大会讨论；企业没有职工代表大会制度的，应当将规章制度的草案交由全体职工讨论，收集合理的意见进行修改确定最后的方案和意见。在此过程中，要注意保留职工参与制定规章制度的证据，如在讨论、审议时要求职工签名。企业与工会或者职工代表应在平等的基础上协商，意见达成一致后确定规章制度。

3．规章制度进行公示或告知全体职工

公示或告知程序，一般有以下几种方式：

（1）将规章制度制作成员工手册，人手一本。

（2）将规章制度张贴于企业公告栏，并将公告现场以拍照、录像或公证机关公证等方式留存。

（3）组织职工进行规章制度学习。特别是新员工入职后，应及时组织学习规章制度。

（4）在劳动合同中约定职工已经知晓规章制度内容的条款。

（5）职工在入职时予以书面声明："已阅读企业规章制度，并予以遵守"。

不论以何种方式都应保存职工已经知晓规章制度内容的书面记录，如签收员工手册的记录，参加学习规章制度会议的签到等。

步骤2 审查规章制度内容的合法性

企业规章制度的内容一般包括工时、休息休假、劳动报酬、劳动安全卫生、保险福利、职工培训、劳动纪律、职工奖惩等规定。其中有些内容国家有强制性规定的，一定要严格按照法律规定执行。这里的法律应当作广义理解，指所有的法律、法规和规章，甚至包括政府部门的一些政策规定。实践中，经常有企业规章制度虽不违反国家法律法规，但却违反地方性规定的情况。对此，法务人员要特别留意。

这里简要介绍法务人员对工时、劳动报酬、休息休假、社会保险等规定的合法性审查的内容和方法：

1．工时制度

实践中，有些企业为了尽早完成工作任务，常常强制性安排职工超长时间加班，严重违反《劳动法》对加班的规定并引起很多麻烦。如果企业确无法实行每日工作 8 小时，每周工作 40 小时标准工时制的，法务人员可建议人力资源管理部门在制定工时制度时，尽可能根据企业生产经营特点，向劳动行政部门申报实行不定时工作制和综合计算工时工作制，这对企业在合法情况下灵活安排工作时间和减少加班纠纷、降低加班成本有着明显的优势。

也有些企业存在加班泛滥、用工成本增加的问题，对此，法务人员可建议企业建立加班审批制度。因工作需要确需加班的，可由职工向部门主管提出书面申请，写明加班事由、加班人数、加班时间，相关部门对此进行审查。确需加班的，可批准加班，计算加班时间，享受加班待遇；未经过批准的不以加班论，不享受加班待遇。这样可有效控制随意加班的现象，降低相应的加班成本。

2. 劳动报酬制度

法务人员应注意审查职工工资不得低于当地政府规定的最低工资标准，并对工资发放日期、加班工资、各类法定节假日及事假、病假、女职工产假等的工资发放及扣除等情形进行审查，要求按照国家的规定执行。

3. 休息休假制度

国务院 2008 年对职工带薪年休假做了规定，也对法定节假日做了较大调整，所以应注意企业的规章制度要符合这些规定，并注意职工享受带薪年休假的资格审查。

法务人员还应对职工享受婚假、女职工产假、哺乳假等制度规定进行审查，特别要注意地方性的规定，因各地对以上假期都有高于国家标准的规定。

4. 社会保险制度

实践中，经常有企业或职工因各种原因不愿缴纳社会保险，于是企业让职工写份本人不愿意缴纳社会保险的申请或与其签份不缴纳社会保险的协议。这种申请或协议实际是规避法律而无效的，只会给企业带来很大隐患。其风险主要是：

（1）职工可据此提出解除劳动合同且不受提前一个月通知企业的限制，还可以要求企业支付经济补偿金；

（2）职工生病时，可以要求企业赔偿因企业未缴医疗保险而享受不到医保的损失；

（3）职工如果发生工伤，企业应承担各项费用。而若企业缴纳了工伤保险，则部分费用可由社保机构支付。

步骤 3　审查规章制度内容的合理性

规章制度除合法外还存在一个合理性的问题。例如《劳动合同法》规定，劳动者严重违反用人单位规章制度以及严重失职，营私舞弊，给用人单位造成重大损害的,用人单位可以解除劳动合同。但"严重违纪"、"严重失职"、"重大损害"如何衡量,无论《劳动合同法》还是司法解释,都无明确规定,这些都需要企业在规章制度中做出具体的规定。企业如果不予规定或规定不合理,"严重违纪"、"严重失职"、"重大损害"的界定权就交给劳动争议仲裁机构或法院,企业就会失去主动权。因此企业一定要在规章制度中做出具体、明确的规定。在规定时可从工作岗位、违纪程度、违纪次数、损失金额等予以量化,尽可能详尽列明。

对于那些"大错不犯,小错不断"的职工,企业可以规定一个违纪累进制度,规定一定数量的一般违纪行为发生后即按较重违纪处理,一定数量的较重违纪行为发生后即以较重违纪行为解除劳动合同。

工作任务二 协助劳动用工规章制度的执行

企业有了合法规范的规章制度,还必须要加强对规章制度的执行,规章制度只有有效执行,才能达到预期的目的。而执行规章的主要要求是形式合法、程序合法、内容合法。

在规章制度执行问题上,作为法务人员应主要注意对员工的处罚。企业对员工的处罚会影响到违纪员工的切身利益,情节严重的违纪可能导致企业行使劳动合同解除权并有可能引发劳动仲裁与诉讼。所以企业一定要完善处罚程序,坚持公平、公正等处罚原则,并增强证据意识,以应对可能的劳动仲裁或诉讼。

步骤1 确认违反规章制度的事实

职工违反规章制度后,企业一定要注意收集并保留相关的证据材料,以确认职工违反规章制度的事实。具体可以采取以下方式收集证据:

(1) 可要求职工写一份书面情况说明或申诉材料,职工对此一般不会存在抵触心理。其中会涉及违纪职工承认的事实,因是职工自己陈述,在实践中具有较强的证明效力。

(2) 其他职工及知情者的书面证明。

(3) 违纪职工陈述的录音或企业内部监控录像。

(4) 被损害设备难以保存的,可拍摄照片予以保存。

(5) 相关部门的处理意见。

(6) 其他能证明违纪行为的证据。

步骤2 规范违纪处罚单的制作

职工违反规章制度后,企业一定要及时进行处罚。虽然《劳动法》、《劳动合同法》以及其他劳动法律、法规、规章、司法解释并没有规定处罚的时效，但拖得太久不利于证据的收集，而且及时处理也有利于提高效率和及早化解矛盾。

违纪处罚单一定要以企业名义做出。规章制度的执行主体是用人单位，而不是用人单位的内设机构。所以，依据规章制度所做出的决定，应以用人单位的名义做出，且应加盖企业印章。

书面的违纪处罚单应记载员工违纪的事实，处罚的理由和依据。

步骤3　规范违纪处罚单的送达

在向职工送达违纪处罚单时应要求职工签字确认。为避免员工拒绝签字，应同时采取其他诸如录音、录像等形式的证据佐证；必要时企业可按职工在入职时提供的通讯地址邮寄违纪处罚单。有的企业处罚员工时会扣除职工一定的考核奖金，若是在职工工资单中扣除的，应注明原因，这样职工签收的工资单也可以作为证据。

学习情境三　规范员工离职管理

员工离职的善后事务也是由企业人事部门具体办理，法务人员通常只在下列两种情况下才会参与处理：一是员工与企业发生与离职相关的争议，人事部门可能会向法务人员咨询处理方案；二是设计员工离职手续办理规程需要法务人员提供合法性审查意见。在处理这两项事务时，法务人员主要应以维护企业利益为出发点，根据法律法规的有关规定进行分析筹划并提供自己的意见。

工作任务一　判断员工离职可能产生的责任

步骤1　确认员工离职缘由

下图是《劳动合同法》规定的各种劳动合同关系结束缘由关系图，通常也是法务人员分析员工离职缘由路线图。分析的过程应是先了解员工离职的事实，再根据这个图示逐层剖析、按图索骥，最后得出该员工离职属于《劳动合同法》第四章规定的哪种情形的结论。当然，如果业务熟悉的话，也可不必这样按部就班，而是直接根据了解的事实进行判断。例如，现有一员工提出解除劳动合同，那就要了解分析他以什么理由提出解除劳动合同，该理由属不属于《劳动合同法》第38条规定的几种情形。又如，企业现在要主动解除与某员工的劳动合同，那就要了解、分析、判断解除的理由是什么，该理由属于《劳动合同法》第39、40、41条规定的哪种情形，有没有第42条规定不得解除合同的情形。

学习单元七 企业人力资源管理的法律事务处理

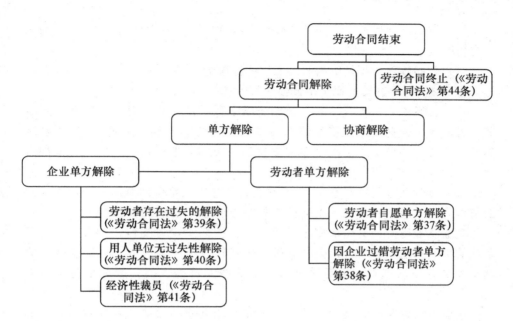

在上述分析判断过程中,不仅要了解相关的事实,还要注意了解、收集、保存相应的证据及证据链。例如,企业意欲以员工存在过失为由单方解除合同,法务人员应了解和审核的如下事实及证据:

解除原因	应审核的事实证据
试用期间	1. 劳动者确在试用期间内的证据; 2. 企业设置有录用条件的证据; 3. 有试用期考核记录,该记录显示劳动者不符合录用条件的证据。
严重违纪	1. 企业制定有规章制度,规章制度中对"严重违反"有规定的证据; 2. 劳动者严重违反规章制度的事实证据。
重大损害	1. 劳动者存在严重失职或营私舞弊行为的证据; 2. 造成重大损害的事实证据。
兼职	1. 劳动者兼职的证据; 2. 兼职对完成本单位的工作任务造成严重影响的证据; 3. 用人单位曾提出不得兼职的要求,但劳动者拒不改正的证据。
无效劳动合同	劳动者存在欺诈、胁迫、乘人之危行为的证据。
刑事责任	劳动者被追究刑事责任的事实证据。

步骤2 分析企业应承担的责任

确认了员工离职属于法定的哪种情形后,下一步的任务是分析企业因此应承担什么责任。一般而言,企业可能的责任有:

(1) 解除合同违法，合同继续履行；或者按照《劳动合同法》第 87 条规定支付赔偿金。

(2) 合同解除，支付给离职员工经济补偿金。

步骤 3　确认追究离职员工责任的可能性

劳动关系法律是将劳动者作为弱者给予保护的，所以对劳动关系结束时劳动者应承担的责任给予了严格限制。根据《劳动合同法》的规定及精神，离职员工可能要承担的责任主要有支付违约金和赔偿企业损失两种，但都有严格的条件要求。

依据《劳动合同法》第 25 条的规定，允许用人单位和劳动者约定违约金的情形只剩下两种：劳动者违反服务期约定和违反竞业限制约定。

企业意欲以劳动者违反服务期约定为由要求劳动者支付违约金时，需要确认的事实和证据有：(1) 企业和劳动者进行过服务期约定；(2) 企业为劳动者提供专项培训费用，对其进行过专业技术培训；(3) 服务期尚未履行完毕。

企业意欲以劳动者违反竞业限制约定为由要求劳动者支付违约金时，需要确认的事实和证据有：(1) 企业和劳动者进行过竞业限制约定；(2) 竞业限制的人员符合《劳动合同法》第 24 条第 1 款规定；(3) 企业在竞业限制期限内按月给予劳动者经济补偿；(4) 约定的竞业限制期限没有超过两年，该劳动者尚在竞业限制期限内；(5) 该劳动者有违反竞业限制约定的行为。

工作任务二　规范离职手续

步骤 1　审查离职文书制作和送达

离职文书是劳动争议中的重要证据，不同的劳动合同解除、终止情形对应不同类型的离职文书，正确选用离职文书名称和书写恰当内容对发生纠纷时证明企业方主张的离职理由和事实有重要意义，所以法务人员应协助人事部门制作规范的离职文书，并要求在法律规定的时间点以恰当的方式送达劳动者。

具体的离职文书类型、离职文书的主要内容和文书送达时间见下表：

劳动合同解除、终止类型	离职文书类型	文书主要内容	文书送达时间要求
协商解除劳动合同	协商解除协议	哪方先提出解除动议、解除时间	随时

续前表

企业单方解除劳动合同	解除合同通知书	解除时间、解除理由（可适当说明基本事实）	过失性解除：随时
			非过失性解除：提前30天送达
劳动者单方解除劳动合同	解除合同通知书	解除时间、解除理由	由劳动者提前30日向企业送达，试用期内提前3天送达
			因企业违法行为导致劳动者单方解除：随时，甚至无须通知企业
劳动合同终止	终止通知书	终止时间、终止理由、劳动者是否愿意以原合同条件续签	法律无明确规定，建议提前30天送达

离职文书的送达方式一般参照民事诉讼中的规定，在现实生活中经常被企业使用的主要是直接送达和邮寄送达两种方式。无论采用何种送达方式，留下确已将该文书送达给对方的证据是至关重要的。采用直接送达方式一般要求对方签收，若对方拒绝签收，实务中企业会采用邮寄送达，并且会在快递单上明确写明离职文书的类型。

步骤2 审查工作交接程序

办理工作交接是劳动者在离职前的义务，工作交接的具体要求和具体程序可在企业规章制度中规定或在劳动合同中约定。交接的内容则因不同岗位和员工而不同。

步骤3 督促工资和经济补偿金的支付

企业应在解除或终止劳动合同时付清劳动者工资，不应到原劳动合同约定的工资支付日期再支付，而且必须一次付清，不应拖欠或克扣。至于经济补偿金，应在劳动者办结工作交接时支付。

步骤4 督促离职证明的出具

用人单位应当在解除或者终止劳动合同时出具解除或者终止劳动合同的证明，否则将由劳动行政部门责令改正；给劳动者造成损害的，需要承担赔偿责任。离职证明的内容应符合《劳动合同法实施条例》第24条的规定，在为劳动者出具离职证明时应当让劳动者签收，企业应保存该签收证据。

步骤5 督促档案和社会保险的转移

《劳动合同法》规定，用人单位应当在解除或者终止劳动合同15日内为劳动者办理档案和社会保险关系转移手续。在实践中，有些企业会以双方没有结清欠款或劳动者未支付赔偿金等各种理由扣留劳动者档案或不办理社保险转移的有关手续，这是违法的，也是非常不明智的。因为无论以何理由拖延档案和社会保险转移手续的办理都会使得企业面临行政罚款，若是给劳动者造成损害的，还要承担赔偿责任。

法律法规指引

1. 《劳动法》（全国人民代表大会常委会）
2. 《劳动合同法》（全国人民代表大会常委会）
3. 《劳动争议调解仲裁法》（全国人民代表大会常委会）
4. 《劳动合同法实施条例》（国务院）

模拟训练

【示例1】学习掌握招聘广告的审查方法

【案情简介】下面是近几年产生很大争议的招聘广告，试给以分析审查。

1. 招聘职位：软件编程。招聘条件：男生，农村出身，身体健康，3年内不谈女朋友；不善交际，能吃苦，坐的住，能够约束自己，没有其他生存途径，愿意长期从事编程的员工；……（其他内容略）

2. 招聘岗位：弱电工程师。招聘条件：硕士学历以下者免谈、拒招；……（其他内容略）

3. 招聘岗位：服装设计师。招聘条件：不招XX省人；……（其他内容略）

4. 招聘岗位：酒店领班。招聘条件："希望你容貌出众，千人回眸；希望你才华横溢，文采飞扬；希望你细心体贴，有情有义；希望你口齿伶俐，舌灿莲花；希望你能真心爱上公司并愿意和她相伴终生；希望你能为了公司的幸福不惜付出种种代价……如果以上的条件你都能满足，请立即与我们联系……非诚勿扰！"；……（其他内容略）

【问题与提示】
1. 分析这些招聘广告内容是否合法合适，并说明理由。
2. 分析这些招聘广告形式是否合法合适，并说明理由。
3. 分析这些招聘广告可能引起的效果，并说明理由。

【示例2】学习掌握劳动管理制度的审查

【案情简介】下面是一家公司人事部门制定的人事管理制度部分内容，请求法务人员给以合法合理审查。

学习单元七　企业人力资源管理的法律事务处理

第一节　员工的聘用管理

第一条　公司招聘缘由

略

第二条　公司招聘原则

略

第三条　公司招聘方式

本公司对外招聘可通过人才市场现场招聘，猎头公司，网上招聘，报纸广告招聘，员工推荐，高级人才交流会等方式进行。

考虑招聘成本和招聘效果等因素，原则上以网络招聘为主。

第四条　公司招聘流程

略

第五条　新员工报到

1. 经核定录用，员工报到时，需向人力资源部提交以下材料：

（1）填写《员工报到登记表》和《保密协议》；

（2）交一寸近期照片 2 张；

（3）身份证和学历证原件，结婚的员工提交结婚证；

（4）如属非初次就业者需提供与原单位解除或终止劳动关系的证明材料；

（5）如有其他职业、技术等专业资格者，需提供资格证书；

（6）服装费 300 元。

当个人资料如住址、通讯地址、婚姻状况、学历状况等发生变化时，员工应于发生变化 10 日内将有关资料反馈至人力资源部。

公司保留审查员工所提供个人资料的权利，如任何一项情况失实，公司可解除已受聘职务或采取其他处理方式，并不承担由此产生的一切责任。离开公司人员的资料恕不退还。

2. 人力资源部应为新进员工依程序办理下列工作：

（1）分发"工作牌"和《新员工报到须知》；

（2）分发办公用品，如工作笔记本、水笔等；

（3）核验新进人员提交的材料；

（4）建立员工档案，及时修改通讯录并及时下发；

（5）工作服一套。

3. 人力资源部引导新员工到其所在部门报到，并将《新员工报到函》交至其部门主管。部门主管为新员工作介绍和安排办公位置。

第六条　新员工的入职培训

1. 目的

为了培养新员工对企业的荣誉感和归属感，促使新员工认同企业提倡的价值标准和行为规范，了解企业的基本情况，掌握必要的工作技能和基本的工作流程。

2. 培训期的确定

新员工自进公司之日起30天内为新人培训期。不同岗位的培训周期各不相同，由人力资源部与用人部门主管沟通，根据其部门实际情况制定培训周期，最长周期为30天。在培训期7天内，如本人主动提出辞职，公司只给予每天8元的午餐补贴。

3. 培训期内容的确定

新员工的入职培训包括二阶段：

第一阶段是员工的适应期，由公司主导进行相关的培训，主要有以下内容：

①由人力资源部组织的关于公司概况、企业文化、规章制度、工作流程方面的培训；

②由新员工所在部门组织的关于岗位业务知识、本部门规章、部门工作流程方面的培训。

在培训结束后，公司将组织对以上两方面的内容进行考核。考核通过的，进入实习期；考核未通过的，将被淘汰，并且公司不支付任何经济补偿金。

第二阶段是员工的实习期。由其所在部门主管安排本部门人员指导新员工熟悉本职业务。

部门主管根据新员工实习期内的任务指标和综合表现，予以考核，并将《新员工培训期考核表》反馈到人力资源部。考核通过的，新员工进入试用期，并与公司签订《劳动合同》；考核未通过的，将被淘汰，并且公司不支付任何经济补偿金。

第七条　新员工的试用和转正

1. 试用期的确定

公司规定，新员工试用期期限一般为六个月。试用期从培训期结束起算。

2. 试用期的考核

新员工试用期内，每月由其部门主管进行考核。直接部门主管应如实填写《试用员工评定表》并提出意见，意见包括：提前转正、按时转正、提前结束试用期不予录用。

3. 特殊人才经总经理批准可免予试用期。

第八条 员工正式录用条件

1. 符合公司编制的《岗位说明书》要求；
2. 新聘员工一般实行试用期制度，新员工要求通过公司培训期和试用期的考核；
3. 员工所提供的资料要真实、可靠，不得弄虚作假；
4. 经公司录用员工，不得同时从事或兼营其他公司的工作。

第九条 凡有以下情况者，公司将不予雇用

1. 被夺公权尚未复权者；
2. 受有期徒刑宣告或通缉，尚未结案者；
3. 受破产宣告，尚未撤销者；
4. 亏欠公款受处罚有案者；
5. 吸食鸦片或其他毒品者；
6. 经其他机构开除者；
7. 身体有缺陷，或健康状况欠佳，难以胜任工作者；
8. 未满14周岁者。

【问题与提示】

1. 分析该制度哪些内容与法律相悖，并加以修改。
2. 思考该制度需要履行什么程序才合法有效，并提出程序形式的建议。
3. 对该制度文本的语句、逻辑、卷面进行修改。

【示例3】学习掌握员工离职手续的审查

【案情简介】某公司员工于2005年8月进入公司工作，并于2005年11月试用期满转为正式员工，双方已依法签订了劳动合同。2009年2月28日该员工口头向公司提出离职申请，要求解除劳动合同关系，并于第二天即不来公司上班。公司人事部门认为，该员工未按照《劳动合同法》规定提前30天书面通知公司即离职，造成其工作岗位脱人，给公司造成很大损失；同时，该员工在职期间丢失物品，公司尚未处理结束，因此，拒绝该员工离职，拒绝给该员工办理离职手续。公司人事部门要求法务人员参与处理此事。

【问题与提示】

1. 了解相关事实及其证据，或者思考补救证据办法。
2. 分析公司与该员工各自责任。
3. 思考纠纷处理途径及方法。

附录

全日制劳动合同

甲方（用人单位）名称：杭州红豆食品有限公司，

住所：_____ 法定代表人（或主要负责人）：_____

乙方（劳动者）姓名：张某某，性别：男，

居民身份证号码：33010＊＊＊＊＊＊＊＊＊＊51X，

文化程度：大学本科，住址：杭州市＊＊＊＊＊＊＊＊＊＊＊＊＊＊

根据《中华人民共和国劳动法》、《中华人民共和国劳动合同法》等法律、法规、规章的规定，在平等自愿，协商一致的基础上，同意订立本劳动合同，共同遵守本合同所列条款。

第一条　劳动合同类型及期限

一、劳动合同类型及期限按下列第 1 项确定。

1. 固定期限：自 2007 年 1 月 1 日起至 2011 年 12 月 31 日止。

2. 无固定期限：自____年____月____日起至法定的解除或终止合同的条件出现时止。

3. 以完成一定工作为期限：自____年____月____日起至_____终止。

二、本合同约定试用期，试用期自 2007 年 1 月 1 日起至 2007 年 2 月 28 日止。

第二条　工作内容、工作地点及要求

乙方从事 电工 工作。

工作地点在 杭州市。

乙方工作应达到以下标准_____。根据甲方工作需要，经甲、乙双方协商同意，可以变更工作岗位、工作地点。

第三条　工作时间和休息休假

一、工作时间按下列第 1 项确定：

1. 实行标准工时制。

2. 实行经劳动保障行政部门批准实行的不定时工作制。

3. 实行经劳动保障行政部门批准实行的综合计算工时工作制。结算周期：按 月 结算。

二、甲方由于生产经营需要经与工会和乙方协商后可以延长乙方工作时间，一般每日不得超过一小时；因特殊原因需要延长工作时间的，每日不得超过三小时,但每月不得超过三十六小时。甲方依法保证乙方的休息休假权利。

第四条 劳动报酬及支付方式与时间

一、乙方试用期间的月劳动报酬为 1 000 元。

二、试用期满后,乙方在法定工作时间内提供正常劳动的月劳动报酬为_____元,或根据甲方确定的薪酬制度确定为<u>基本工资+绩效工资</u>。

乙方工资的增减、奖金、津贴、补贴、加班加点工资的发放,以及特殊情况下的工资支付等,均按相关法律法规及甲方依法制定的规章制度执行。甲方支付给乙方的工资不得低于当地最低工资标准。

三、甲方的工资发放日为每月 15 日。甲方应当以货币形式按月支付工资,不得拖欠。

四、乙方在享受法定休假日以及依法参加社会活动期间,甲方应当依法支付工资。

第五条 社会保险

甲乙双方必须依法参加社会保险,按月缴纳社会保险费。乙方缴纳部分,由甲方在乙方工资中代为扣缴。

第六条 劳动保护、劳动条件和职业危害防护

甲乙双方都必须严格执行国家有关安全生产、劳动保护、职业卫生等规定。有职业危害的工种应在合同约定中告知,甲方应为乙方的生产工作提供符合规定的劳动保护设施、劳动防护用品及其他劳动保护条件。乙方应严格遵守各项安全操作规程。甲方必须自觉执行国家有关女职工劳动保护和未成年工特殊保护规定。

第七条 劳动合同变更、解除、终止

一、经甲乙双方协商一致,可以变更劳动合同相关内容。变更劳动合同,应当采用书面形式。变更后的劳动合同文本由甲乙双方各执一份。

二、经甲乙双方协商一致,可以解除劳动合同。

三、乙方提前三十日以书面形式通知甲方,可以解除劳动合同。乙方在试用期内提前三日通知甲方,可以解除劳动合同。

四、甲方有下列情形之一的,乙方可以解除劳动合同:

1. 未按劳动合同约定提供劳动保护或者劳动条件的;
2. 未及时足额支付劳动报酬的;
3. 未依法缴纳社会保险费的;
4. 规章制度违反法律、法规的规定,损害乙方权益的;
5. 以欺诈、胁迫的手段或乘人之危,使乙方在违背真实意思的情况下订立或者变更劳动合同致使劳动合同无效的;

6. 法律、行政法规规定乙方可以解除劳动合同的其他情形。

甲方以暴力、威胁或者非法限制人身自由的手段强迫乙方劳动的，或者甲方违章指挥、强令冒险作业危及乙方人身安全的，乙方可以立即解除劳动合同，不需事先告知甲方。

五、乙方具有下列情形之一的，甲方可以解除本合同：

1. 在试用期间被证明不符合录用条件的；
2. 严重违反甲方的规章制度的；
3. 严重失职、营私舞弊，给甲方造成重大损害的；
4. 同时与其他用人单位建立劳动关系，对完成甲方的工作任务造成严重影响，或者经甲方提出，拒不改正的；
5. 以欺诈、胁迫的手段或乘人之危，使甲方在违背真实意思的情况下订立或者变更劳动合同致使劳动合同无效的；
6. 被依法追究刑事责任的。

六、下列情形之一，甲方提前三十日以书面形式通知乙方或者额外支付乙方一个月工资后，可以解除本合同：

1. 乙方患病或者非因工负伤，在规定的医疗期满后不能从事原工作，也不能从事由甲方另行安排的工作的；
2. 乙方不能胜任工作，经过培训或者调整工作岗位，仍不能胜任工作的；
3. 劳动合同订立时所依据的客观情况发生重大变化，致使原劳动合同无法履行，经甲乙双方协商，不能就变更劳动合同内容达成协议的。

七、甲方依照企业破产法规定进行重整的；或生产经营发生严重困难的；或企业转产、重大技术革新或者经营方式调整，经变更劳动合同后，仍需裁减人员的；或其他因劳动合同订立时所依据的客观经济情况发生重大变化，致使劳动合同无法履行的，应当提前三十日向工会或者全体职工说明情况，听取工会或者职工意见，裁减人员方案以书面形式向劳动行政部门报告后，可以解除劳动合同。

八、有下列情形之一的，劳动合同终止：

1. 劳动合同期满的；
2. 乙方开始依法享受基本养老保险待遇的；
3. 乙方死亡，或者被人民法院宣告死亡或者宣告失踪的；
4. 甲方被依法宣告破产，被吊销营业执照、责令关闭、撤销或者甲方决定提前解散的；
5. 法律、行政法规规定的其他情形。

九、劳动合同期满，乙方具有下列情形之一的，劳动合同应当续延至相应的情形消失时终止：
1. 从事接触职业病危害作业的劳动者未进行离岗前职业健康检查，或者疑似职业病病人在诊断或者医学观察期间的；
2. 在本单位患职业病或者因工负伤被确认丧失或者部分丧失劳动能力的；
3. 患病或者非因工负伤，在规定的医疗期内的；
4. 女职工在孕期、产期、哺乳期的；
5. 在本单位连续工作满十五年，且距法定退休年龄不足五年的；
6. 法律、行政法规规定的其他情形。

十、乙方具有本条第九款情形之一的，甲方不得依据本条第六款第七款的约定解除本劳动合同。

第八条 违反劳动合同的责任

甲方违法解除或终止本合同，应向乙方支付赔偿金；乙方违法解除本合同，给甲方造成经济损失的，应依法承担赔偿责任。

第九条 双方需要约定的其他事项

第十条 其他

1. 本合同在履行中发生争议，任何一方均可向企业劳动争议调解委员会申请调解，也可向劳动争议仲裁委员会申请仲裁。对仲裁裁决不服的，可以向人民法院起诉。
2. 本合同未尽事项，按国家有关法律法规执行。
3. 本合同条款如与国家今后颁布的法律法规相抵触，按国家新的法律法规执行。
4. 本合同依法订立，双方签字盖章后生效，双方必须严格履行。
5. 本合同一式两份，甲乙双方各执一份。

甲方（盖章）： 乙方（签字）：

法定代表人（主要负责人）签名：

签约日期： 签约日期：

学习单元八　企业争议纠纷的解决

学习目的与要求

掌握各种证据的收集方法，能够协助企业领导全面衡量后选择适当的争议解决途径和做好社会律师的聘任管理工作。

学习重点与提示

证据的收集整理，证据的"三性"分析。

工作任务一　做好应对争议纠纷的准备

争议纠纷是令人厌恶的但往往又是难以避免的。企业法务工作的理想状态是有效地防止了各种争议纠纷的发生，天下太平，但这往往只是一厢情愿。因为争议纠纷有时并不以本企业单方意志为转移，即使我们自己想息事宁人，也无法阻止他人的恣意妄为、挑衅侵害。所以，从一定意义上说，争议纠纷是企业经营管理过程中必然产生的副产品。

应对争议纠纷的根本之道是规范企业各种经营行为，保证在法律上处于有利有理的地位，但仅此是远远不够的。因为争议纠纷通过法律途径解决时，有着特定的条件要求，就是要有充分的证据证明自己行为和权益的正当性，没有证据证明的事实得不到法律的认可，权益也无法得到法律保护。因此，收集保存证据是应对争议纠纷的一项基础性工作。但是，实践中，经常出现企业业务部门工作人员由于认识上的偏差，片面追求工作效率，或者被交易过程中表面的"友好"气氛所迷惑等多方面原因，对经营管理过程中的各种证据收集保存重视不够、缺乏敏感性，导致企业有理输"官司"情况发生。所以，我们认为，企业法务人员应对争议纠纷、预防法律风险的一项主要工作就是要做好与经营有关的证据收集保存。

步骤1　选择证据收集途径

证据的收集保存分为争议发生前后两个时段。争议发生后的证据收集保存一般由法务人员单独负责。争议发生前的证据是企业经营管理过程中形成的原始资料，散落在各个业务部门，需要业务部门与法务人员共同参与，完成收集保存的任务。为此，法务人员一方面要加强与业务部门的沟通、交流、咨询、培训，帮助员工树立风险意识，充分发挥他们的作用；另一方面，要积极推动和建立企业档案管理制度，督促制度的贯彻执行。

步骤2　选择证据收集方法

企业的争议大致可以分为合同争议和侵权争议两种类型，相应的证据收集保存侧重点有所不同。应对侵权争议的证据收集主要有两方面工作：

一是收集己方权益的合法性证据，申办、保管、理顺、明确公司有形资产与无形资产的各种权属、证照。

二是围绕侵权人侵权的构成要件收集相关证据，包括侵权人的基本情况、侵权行为情况、损害事实情况等，或者被他人指控情况下己方没有侵权的事实证据。

应对合同争议主要应注意固定各种合同签订或变更的文本、履行合同的各种凭证等，围绕着违约构成要件的交易事实、己方履约事实展开。

步骤3　分析证据特性

要按照证据的"三性"要求——合法性、关联性、真实性，细致甄别证据，固定有效证据，提高证据的证明力。这项工作说起来容易做起来难，需要很强的专业经验，必须十分谨慎。在实际操作时，一个有效方法是跳出当事人的固定思维，站在一个第三人的角度对证据进行分析判断。

因为一旦争议不得不通过诉讼或仲裁解决时，证据"三性"的判断权掌握在没有亲历事情经过的法官、仲裁员手中，如何让他们确信证据的效力才是胜负的关键，而他们的判断与亲历者往往是不一样的。

比如，实践中，经营交易往往采取传真、电话、电子邮件等方式进行，对当事人来说相应的证据的"三性"没有任何问题，但对于法官、仲裁员来说，由于这些证据存在着复制可能，其真实性就很难认定。这一类的证据往往需要其他证据进一步佐证才能得到认定。

又比如，实践中很多企业送货往往由接受方业务员在送货单上签字确认，在双方友好时期这不会有什么问题，但若发生争议打"官司"了，签字人的身份可能就有疑问。

工作任务二　慎重选择争议纠纷的解决方式

企业发生的争议纠纷大多数是民事的，其可以采取的解决方式主要有协商、调解、诉讼和仲裁。这几种方式各有利弊，究竟如何选择应以企业利益最大化为考量出发点。当然，利益的考虑还要全面，不仅考虑眼前利益还要考虑长远利益，不仅考虑经济利益还要考虑社会利益。实践中，这种选择由企业决策层最终做出，法务人员提供专业参考意见。

步骤1　选择协商解决

协商是当事人在平等的基础上，本着互谅互让的精神，在法律规定范围内,就争议纠纷的解决达成一致的方式。这是一种省时省力、简便易行、互利双赢的解决方式,实践中为企业首选。但协商不是民事纠纷解决的法定程序,协商达成的协议不具有强制执行力,一旦一方反悔,就不得不寻求其他方式。有时还要注意,协商应有个"度",不要落入对方利用协商拖延时间,甚至导致超过诉讼时效的圈套。

步骤2 选择调解解决

调解是指在当事人自愿的基础上,请求共同信任的第三人出面调停,解决当事人之间纠纷的一种方式。这种方式的效果往往取决于第三方的权威性,其他特点与协商方式基本一致,这里不再赘言。

步骤3 请求行政机关处理

即当事人请求某项事务的法定行政管理部门依法处理相关的纠纷。这是侵权纠纷,特别是知识产权纠纷中经常采用的解决方式①。

行政部门对侵权行为可以采取的措施主要是:

(1) 认定侵权行为,责令侵权人立即停止侵权行为及给予侵权人一定的行政处罚;

(2) 应当事人的请求就侵权的赔偿数额进行调解。

通过行政机关调处纠纷的好处是手续简便、方式灵活、快捷高效,但它不是最终途径。当事人对行政机关的处理不服的,还可以对侵权认定提起行政诉讼或对赔偿的调解提起民事诉讼,因此可能反而耽误时间。

步骤4 选择仲裁解决

仲裁是当事人提请仲裁机构对纠纷进行裁决的活动。仲裁有两个前提条件:

(1) 当事人之间签订有仲裁协议,明确约定了请求仲裁、仲裁事项、仲裁机构等内容;

(2) 属于仲裁范围,即提请仲裁事项是平等主体的公民、法人和其他组织之间发生的合同纠纷和其他财产纠纷,婚姻、收养、监护等具有人身性质的纠纷和侵权纠纷不属于仲裁范围。

仲裁实行"一裁终局",简便高效但纠错困难。若当事人不服,申请法院撤销裁决或对裁决不予执行,且不说费时费力,而且法院审查范围有限,纠正裁决错误有一定难度,所以是否选择仲裁解决纠纷也要慎重考虑。

---

① 专利的行政管理机构是国家知识产权局(专利局)和各省、自治区、直辖市、开放城市和经济特区人民政府设立的专利管理机关;注册商标的行政管理部门是县级以上工商行政管理局;著作权的行政管理机构是国家版权局。

步骤5　选择诉讼解决

就是向人民法院提起诉讼，请求法院对纠纷审理后作出判决。这是最权威最有效的问题解决途径，但其弊端也非常明显，耗时漫长，成本较高，伤和气。所以对诉讼既不能害怕又要慎重选择。

工作任务三　聘任与管理社会律师

步骤1　考量聘任社会律师的必要

对于企业争议和其他法律事务的处理，社会律师与企业内部法务人员之间是一种互补非竞争关系。根据需要，有些争议纠纷和法律事务的处理可能需要聘任社会律师，对此法务人员不应有抵触情绪。

什么情况下需要聘请社会律师，一般需要考虑下列因素：

（1）是否有专业上和法律上的需要。处理争议或法律事务需要的法律知识和经验是法务人员不熟悉的，就需要通过聘请律师来处理，如海事、证券、期货、知识产权等新型法律业务。其中有些业务法律还强制性规定只能由律师办理，法务人员就不能做。还有诉讼事务的多少及争议中是否需要以律师名义调取证据也是需要考虑的。

（2）是否能更有效率。即使有些业务法务人员可以处理，但若企业日常法律事务很多，法务人员的精力难以应付额外的任务，也可以外聘律师提供更有效的服务，既使法务人员有更多的时间和精力做好企业法治管理工作，又提高了企业法治的效率，同时还提高了法务人员的业务能力和工作水平。

（3）费用发生情况。很显然，对于企业内部法务人员完全可以承担的案件或其他法律事务，由企业内部法务人员来承办可以节省大量的法律服务费用。

步骤2　负责社会律师的选聘和联络

当经过全面衡量确定由外聘律师来处理纠纷或其他法律事务后，除非企业没有内部法务人员，否则应由企业内部法务人员负责外聘律师的选聘和联络。这有两方面的好处，一方面，法务人员对律师的工作更熟悉和了解，能够对律师的工作进行更有效的监督和控制；另一方面，法务人员与律师均受过法律知识的培训，能够更有效地沟通，企业内部法务人员能够更准确地将企业内部情况介绍给外聘律师，同时也能够把外聘律师的意见更有效地介绍给经理人员。

外聘律师的管理主要有两项：

（1）选聘一个满意的律师。就是要在全面考察律师事务所的资信情况和承办律师的资信、业务能力的基础上，选择一个适合拟办业务的律师，报主管领导同意后，与律师事务所签订法律服务合同。选择之前应对候选律师进行全面考察，考察途径是要与候选律师实际直接接触了解，也可以是通过律师协会、行政管理机关、以前客户进行侧面了解。需要了解的情况主要有：①该律师事务所和律师是否有良好业绩以及处理拟办事务的经验和能力；②收费是否合理、公道；③执业律师是否有良好的执业道德。

（2）加强对外聘律师的管理监督。法务人员要保持与外聘律师的联系，加强对外聘律师的管理，按照外聘合同确定的工作内容，安排律师的工作。一般应要求外聘律师必须定期或不定期向企业内部法务人员汇报工作，准备的文件必须先交企业内部法务人员审查，必要时可以由企业内部法务人员与外聘律师共同完成工作，等等。

准备诉讼时，企业内部法务人员要求外聘律师提供一份计划，包括：对所承办案件不同方案、不同策略的简要说明；案件承办工作的时间安排；所承办案件各个阶段的费用估算。

法律法规指引

1. 《民事诉讼法》（全国人民代表大会）
2. 《关于民事诉讼证据的若干规定》（最高人民法院）

模拟训练

【示例1】学习掌握侵权案件证据的收集整理

【案情简介】

原告某食品有限公司，住所地×××。

被告张某，男，系长沙县某食品厂业主，住×××。

原告某食品有限公司（下称甲公司）诉称：原告是国内一家大型农产品加工生产企业，主要生产"辣妹子"牌辣椒酱，由于该产品质量优、口感好，自1997年投放市场以来就受到广大消费者的喜爱，并多次被评为优质产品和知名商品。目前"辣妹子"牌辣椒酱销售区域遍布全国各地，已成为相关公众知悉的知名商品。原告发现被告张某经营的长沙县某食品厂（下称某食品厂）生产的"辣点"牌辣椒酱采用了与原告知名商品"辣妹子"牌辣椒酱包装、装潢相近似的包装、装潢。由于被告张某生产销售的"辣点"牌辣椒酱采用与原告知名商品相近似的包装、装潢，造成了相关公众的混淆与误认，严重冲击了原告已经占有的市场份额，给原告造成了巨大的经济损失。被告张某的行为是法律禁止的不正当竞争行为，故诉至法院。

被告张某口头答辩称：原告产品上是拼音商标，没有文字商标，"辣妹子"商标属于永川荣美食品厂，因此原告称其生产辣妹子牌辣椒酱以及辣妹子牌辣椒酱是知名商品均没有依据。原告对涉案产品的包装和装潢没有使用权，包装和装潢应该是1997年沅江市脱水蔬菜食品有限公司即湖南辣妹子食品有限公司的，且该包装和装潢已经成为湖南辣椒酱产品通用的包装和装潢，不是原告所特有的。原告生产的辣椒酱不是1997年就投放市场的，被告的产品生产时间早于原告的产品。将原、被告双方的产品进行对比，不会产生混淆。被告经营的某食品厂只在2006年5月30日分两次生产了涉案产品440件，获利2 000余元，原告要求赔偿50万元没有任何依据。

【问题与提示】

1. 根据上文原被告双方陈述，分析原告为支持自己的诉求应提交哪些证据，被告为支持自己的抗辩应提交那些证据。

2. 为确保证据符合"三性"要求，应如何收集这些证据。

【示例2】学习掌握合同纠纷案件证据的收集整理

【案情简介】

原告：杭州××数码科技有限公司。

被告：杭州××计算机有限公司。

原告诉称：××年××月，原告与被告签订了购销合同一份，约定：被告提供网络设备，用于原告与××财政局的网络设备采购合同，并特别约定被告要保证设备原厂商提供三年免费质保，在质量保证期内，如果货物的数量、质量或规格与合同不符，或证实货物是有缺陷的，包括"潜在的缺陷或使用不符合要求的材料等，供方应在接到需方通知后两个工作日内换货并提供维修服务"等内容。合同签订后，原告支付了货款，但被告对交付的货物却只能提供设备生产商（IBM公司）一年的质保，为此，原告多次要求被告按照合同中的约定提供三年的原厂商质保，但被告一直不予理睬。无奈，原告只好花费36 000元购买了设备原厂商的三年质保。随后，××财政局因系统出现故障，电告原厂商来人修理。修理工程师发现该批设备的保修卡系伪造，该批设备非IBM公司在中国大陆地区生产及销售的正规产品，不能享受IBM公司的标准保修服务。××财政局将设备的保修卡送交IBM公司在大陆的服务代理商验证，确认了修理工程师的说法。于是，将此情况及时通知了被告，被告仍不予理睬。迫于无奈，原告诉请法院主持正义。

【问题与提示】

1. 根据上文原告陈述，分析该案有哪些诉争事实，这些事实需要什么证据证明。

2. 为确保证据符合"三性"要求，该案各项证据形式要符合什么要求。

参考书目

1. 人大财经委．中华人民共和国中小企业促进法——立法进程资料汇编．北京：中信出版社，2004．
2. 任华哲．中小企业基本法立法研究．武汉：武汉大学出版社，2007．
3. 中小企业促进法及其配套规定．北京：中国法制出版社，2002．
4. 赵晓光．公司登记操作指南．北京：法律出版社，2006．
5. 李雨龙，乔路．公司章程制定指南．北京：法律出版社，2006．
6. 江平，李国光．最新公司法文书范本与制作．北京：人民法院出版社，2006．
7. 李雨龙，朱晓磊．公司治理法律实务．北京：法律出版社，2006．
8. 甘功仁，史树林．公司治理法律制度研究．北京：北京大学出版社，2007．
9. 张远堂．公司法实务指南．北京：中国法制出版社，2007．
10. 陈文．股权激励与公司治理法律实务．北京：法律出版社，2005．
11. 李国光．公司登记、变更、年检、出资管理法律分解适用集成．北京：人民法院出版社，2006．
12. 王欣新．企业和公司法．北京：中国人民大学出版社，2005．
13. 王小川．新公司法典型案例评析．北京：中国工商出版社，2006．
14. 齐奇．公司法疑难问题解析．第3版．北京：法律出版社，2006．
15. 鄢涛．公司法案例评析．上海：汉语大词典出版社，2003．
16. 张国平．当代企业基本法律制度研究．北京：法律出版社，2004．
17. 北京市第一中级人民法院民四庭．公司法审判实务典型案例评析．北京：中国检察出版社，2006．
18. 钱卫清．公司司法救济方式新论．北京：人民法院出版社，2004．
19. 刘芸，汪琳．个人独资企业法实务与案例评析．北京：中国工商出版社，2003．
20. 王明，宋才发．公司合伙纠纷案例．北京：人民法院出版社，2006．
21. 李正清，谭臻．外商投资企业设立运营全程指南．北京：法律出版社，2007.

22. 汤维建. 新企业破产法解读与适用. 北京：中国法制出版社，2006.

23. 戚庆余. 企业合同管理法律实务：制度与操作. 北京：中国法制出版社，2009.

24. 毕汝才，陈正侠. 企业常用合同管理必备全书. 北京：人民邮电出版社，2010.

25. 肖学文. 中国合同范本指南. 第4版. 北京：中国民主法制出版社，2006.

26. 栾兆安. 买卖合同签订技巧. 北京：法律出版社，2006.

27. 黄金华. 企业签约的法律风险及防范. 北京：中国法制出版社，2007.

28. 胡占国. 新编常用合同签约技巧与风险防范. 北京：北京大学出版社，2009.

29. 岳海翔. 合同协议签约要领与范文. 北京：中国言实出版社，2009.

30. 祝铭山. 购销合同纠纷. 北京：中国法制出版社，2003.

31. 尚晓茜，赵鑫. 经商法律通. 北京：中国纺织出版社，2005.

32. 张樊. 企业电子商务中的法律风险及防范. 北京：中国法制出版社，2007.

33. 许红峰. 技术合同案例评析. 第2版. 北京：知识产权出版社，2007.

34. 郑成思. 知识产权法. 第2版. 北京：法律出版社，2003.

35. 张耕. 商业秘密法. 北京：厦门大学出版社，2006.

36. 于泽辉. 知识产权战略与实务. 北京：法律出版社，2007.

37. 李平. 自主创新加速器——来自深圳产业的知识产权实证报告. 北京：知识产权出版社，2007.

38. 陈昌柏. 自主知识产权管理. 北京：知识产权出版社，2006.

39. 后东升. 企业品牌管理法律实务. 北京：人民法院出版社，2005.

40. 蒋焱兰. 企业品牌管理法律实务. 北京：群众出版社，2005.

41. 徐家力. 知识产权法律实务. 北京：人民法院出版社，2006.

42. 张文德. 企业知识产权诊断与策略. 北京：知识产权出版社，2007.

43. 许伯桐，毕凌燕，祁明. 现代企业知识产权保护. 广州：中山大学出版社，2007.

44. 赵晓睿. 如何申请和保护专利. 北京：法律出版社，2006.

45. 于泽辉. 商标与专利代理. 北京：法律出版社，2004.

46. 郭修申. 企业商标使用与保护. 北京：知识产权出版社，2004.

47. ［日］冈田全启. 专利·商标侵权攻防策略. 北京：知识产权出版社，2005.

48. 张玉敏. 商标保护法律实务. 北京：中国检察出版社，2004.

49. 童兆洪. 民营企业与知识产权司法保护. 北京：浙江大学出版社，2006.

50. 李德成. 知识产权法律服务与律师实务. 北京：法律出版社，2007.

51. 祝铭山. 商标权纠纷. 北京：中国法制出版社，2004.

52. 吴家曦. 中小企业创业经营法律风险与防范策略. 北京：法律出版社，2008.

53. 包庆华. 企业生产管理法律风险与防范策略. 北京：法律出版社，2009.

54. 左祥琦. 用人单位劳动法操作实务. 北京：法律出版社，2005.

55. 黄新发，汤元周. 企业人力资源法律实务：指引与对策. 北京：中国法制出版社，2009.

56. 吴江水. 完美的防范——法律风险管理中的识别、评估与解决方案. 北京：北京大学出版社，2010.

57. 李小海. 企业法律风险控制. 北京：法律出版社，2009.

58. 曹均伟，李南山，赖文洪，等编著. 现代企业法律事务管理. 上海：上海人民出版社，2007.

59. 包庆华. 现代企业法律风险与防范技巧解析. 北京：中国纺织出版社，2006.

60. 康志松. 如何防范和处理公司经济纠纷. 北京：北京大学出版社，2004.

61. 向飞，陈友春. 企业法律风险评估. 北京：法律出版社，2006.

62. 李旭. 民营企业法律风险识别与控制. 北京：中国经济出版社，2008.

63. 叶金强. 公信力的法律构造. 北京：北京大学出版社，2004.

64. 孙林. 企业必备法律全书. 北京：法律出版社，2007.

65. 胡占国. 民营企业法律顾问实用全书. 北京：蓝天出版社，2007.

66. 张良. 法律顾问. 北京：中国纺织出版社，2002.